Joseph Maria Stowasser

Dunkle Wörter

Joseph Maria Stowasser

Dunkle Wörter

ISBN/EAN: 9783743694149

Hergestellt in Europa, USA, Kanada, Australien, Japan

Cover: Foto ©ninafisch / pixelio.de

Weitere Bücher finden Sie auf **www.hansebooks.com**

DUNKLE WÖRTER.

LEXIKALISCHES

VON

J. M. STOWASSER,

K. K. PROFESSOR AM FRANZ-JOSEPHS-GYMNASIUM IN WIEN

PRAG.   WIEN.   LEIPZIG.

F. TEMPSKY.   F. TEMPSKY.   G. FREYTAG.

Buchhändler der kaiserlichen Akademie der Wissenschaften in Wien.

1890.

Sonder-Abdruck aus dem Jahresberichte des Franz-Joseph-Gymnasiums für 1889/90.

ULLAGERIS. In den gromatici 306. 21 findet sich dies Scheusal: *terminus coctus testatius* u l l a g e r i s *dicitur*. Die von allem lat. Sprachgeiste abweichende Form hat jüngst zwei erlesene Häupter beschäftigt. Zunächst suchte der berühmte Romanist K. H o f m a n n (Arch. III 176) die alte Deutung aus *orcularis* lautlich zu begründen, aber ohne Erfolg, so dass schon J. N. O t t (Arch. IV 388) widersprach. Aber seine Deutung übertrifft die H o f m a n n'sche noch an Gewaltsamkeit; denn die von ihm angenommene Suffixform *ēris* existiert nirgends, nirgends auch das von ihm erfundene „hiatustilgende *g*", das im Vulgärlatein nur als Ersatz der Interaspiration seine Stelle hat (vgl. *Eugippius* = εὐ-ἵππιος, inchogatiuus bei Virgil. gramm. = incohatiuus u. a.). Auch sein Versuch scheiterte, und musste scheitern; denn das' in Rede stehende Wort ist weder lateinisch noch vulgär, sondern Schreibfehler. Richtig gestellt lautet der Text (*ul* = *uel*); *terminus coctus testatius* u e l l a g e [n a] r i s dicitur. Den *terminus lagenaris* findet der Leser grom. 344. 25 wieder coll. 308. 21; 344. 25; 346. 19, wo einfach *lagena* steht. Dies Wort hat also aus den Wörterbüchern zu verschwinden.

MICA. Georges [7] hat: „*mica* ein Krümchen, Bisschen.... *übtr.* d e r B i s s e n, als einem kleinen Speisezimmer beigelegter Name." Es ist klar, dass *mica* griechisches Lehnwort ist. *Mica* steht statt *micca* wie *baca bacca*, *sucus succus* u. a. Das beweist der Name (Stichus 242) μικκό-τρωγος „Brockennager", der doch von μικκός = μικρός (Theokr. V 66, VIII 64, XV 12 u. a.) nicht zu trennen ist. Die monoconsonantische Schreibung schon griechisch in μίκης · μικρόλογος Hesych., μικιζόμενος, προμικιζόμενος vgl. die Lexica. Auch der Kosename Μίκων gehört hierher, wie Μίκυλλος neben Μίκκυλλος. Darnach hat Vergil ecl. VII. 30 sogar mit kurzem Vocal seinen kleinen Jäger Micon: *saetosi caput hoc apri tibi, Delia,* p a r u o s *et ramosa* M i c o n *uiuacis cornua cerui.* Und so begreift sich, dass man ein *kleines* Speisezimmer *mica* nennen konnte (Martial II. 59. 1):

m i c a *uocor; quid sim, cernis: cenatio* p a r u a.

1*

Die Bärin (Amm. Marc. XXIX 3. 9), welche Valentinian
zum Menschenfressen abgerichtet hatte, hieß also wie die Μίκκα
in den Thesmophoriazusen v. 760 „Kleine“, „petite“. Und zu
allem Uberflusse lesen die gromatici 321. 24 micidiores *hoc
est* minores. Der Lexicograph muss also schreiben: Mica
(Lw. μικκός): ein Kleines, Kleinigkeit ⟨*res*⟩ .... der kleine⟨Saal,
oecus⟩ .... das kleine ⟨Thier⟩ .... u. s. w. Es erübrigt nur noch
die Vermuthung, dass in dem Namen der oskischen Charakter-
maske MACCUS nichts anderes vorliegt, als ein entlebntes
μιακκός = μακρός. Dass der Name als Atellanenrequisit griechisch
sein kann, steht fest. „Der Lange“ ist für den Tölpel die
richtige Bezeichnung: „Groß willst du und auch artig sein?
Marull, was artig ist, ist klein“ *Lessing*. Gr. Μακκώ steht ein-
treffend zu μάκιστος. Vielleicht ist es also nicht ohne Bedeutung,
wenn eine alte Inschrift: M. ANNAEUS. M. F. LONGINUS
MACCUS bietet (Maffei.), wofern sie eben echt ist, was ich
nicht entscheiden kann.

NOUICIUS. Die Adjectiva auf *icius* verbalen Ursprungs
haben *ī*, die denominativen *ĭ*. So richtig Wölfflin (Arch.
V 416). Von den mehr als 200 Wörtern widerstrebt nur
nouīcius, das nominalen Ursprungs ist und doch *ī* hat. Leo Meyers
Erklärung ist der Widerlegung nicht wert *(noui-icius)*, da sie
aller Lautlehre ins Gesicht schlägt. Auszugehen ist von der
Bedeutung. Martian. digg. XXXIX 4. 16: *nouicia mancipia sunt,
quae anno nondum seruierint,* d. h. aus der engen Fassung des
Juristen in klares Deutsch übertragen: *nouicius* bedeutet nicht
neu, sondern es gilt von dem Sclaven, der im Hause als Neuling
erscheint (Ter. eun. 582, Petron. 139, Plaut. capt. 717 u. a.), so
dass es sogar substantivisch den „Neusclaven“ bezeichnet (Cic.
de domo 49, Piso 1). Wir wissen ferner durch Varro l. l. VI
59, dass das Wort ein terminus der Landwirtschaft ist: *nouicius et noualis in agro.* Die Zugehörigkeit zur familia rustica
aber konnte nicht besser ausgedrückt sein, als durch * *no*[*ui*]-
uīcius, woraus *nouīcius* („neu auf dem Hofe“) werden musste.
Es ist also einfache Metapher, wenn Juuen. III 265 den neuen
Ankömmling in der Unterwelt so nennt, eine Metapher wie bei
Goethe (Schwager Kronos, Schluss):

> „dass der Orcus vernehme, wir kommen,
> dass gleich an der Thüre
> der Wirt uns freundlich empfange.“

Hier ist also Saul unter die Propheten gerathen; das
Wort durchbricht die Regel nicht.

AMOENA LOCA lesen wir bei Paulus auf *amare*
zurückgeführt und auch Bréal (ohne die Bildung zu erklären) schloss sich noch jüngst dieser Auffassung an. Sie
geht auf Varro zurück, wie wir durch Isidor wissen, or.
XIV. 8 fin: *amoena loca Varro dicta ait, eo quod solum* amo-
rem *praestent et ad se* amanda *alliciant* (wörtlich bei Paulus); *Verrius Flaccus, quod sine* munere *sunt* .... *quasi*
amunia, *hoc est sine fructu.* So unmöglich die Auffassung

des Verrius ist, beweist sie doch, dass er als stammhaft *moen* erkannte. Dass er dabei von der Anschauung seines Vorbildes und Meisters abwich, musste gewichtige Gründe haben, die wir uns leicht vergegenwärtigen können, wenn wir *amoenitas*, *commoenitas*, *immoenitas* in eine Reihe stellen. Zwar ein ἄλρα στερητικόν liegt hier nicht vor; aber wie *pŏ-siui*, *ŏ-mitto*, *d-perio*, *dĭ-sertus* u. a. die Positionslänge in tieftoniger Silbe aufgeben, so sprach man statt **ad-moenus*, **am-moenus: a-moenus* vgl. Cic. S. Rosc. 133 *habet animi causa rus amoenum et* suburbanum od. Liv. XXIII. 35. 7: circumiecta urbi *frequentis et* amoeni *agri* loca. Die Bedeutung ist also zuerst „an den Stadtmauern befindlich", sohin „städtisch". Weiterhin gibt *rusticus, urbanus;* ἀστικός, ἄγριος;; *hübsch (hövesch)* und *Tölpel* (dörpelliche wat. Walther), *courtois* und *uillain* die reichhaltigsten Analogien für den Übergang des Begriffes. Sprach man dereinst von *loca amoena* im Sinne von *suburbana*, wie beispielsweise Martial an unterschiedlichen Orten die Schönheiten der Subura *summoenianas uxores* (vgl. *extramuranae meretrices* Lamprid. Heliog. 27. 7) genannt hat, so begreift sich leicht, wie der Römer, der auf eben diesen „Vororten" ⟨gut wienerisch zu reden⟩ die angenehmsten Dinge zu erleben pflegte, den Begriff zu „angenehm" und „lieblich" vergeistigte. Formell steht *amoenus* neben *commoenis* wie *hilarus, inermus, gracilus* neben den I-Formen. So steht *Inter-amna* neben *amnis*. Vielleicht spricht auch der Name *Munatius* dafür.

LATEX. Georges [7] notiert: 1. *lātex* „Nass". 2. *lătex* (sic!) „Schlupfwinkel". (Commodian c. ap. 173 f.) Die letztere Quantitätsangabe ist falsch, wie leider so oft in dem so verdienstvollen Werke*), die Trennung aber ebenso. Richtig schon Isidor XIII. 20 latex *proprie liquor fontis, quod in terra* lateat vgl. *mordex (mordere) uertex (uertere)* u. a. Wurzelhafte Bedtg. ist „Versteck" (Commodian, a. a. O.), übertragen auf die versteckte Quelle im Gegensatze zum offenen Flussgerinne (Livius XLIV 3: *nulli* aperti riui, *sed* occulti latices. Solche „versteckte" Quellen sucht der Rhabdomant, der *aquilex*. Nunmehr begreift sich die Anwendung zunächst von den unsichtbaren Flüssen der Unterwelt (Aen. VI 715 Lethaei *latices* IV 542 *latices Auerni*), man versteht ferner, dass man den Ausdruck von Pflanzen gebrauchte, die einen Saft in sich verborgen tragen *(absinthi lat.* Lucr. IV 15, *oleae* Ou. met. VIII 275 und häufig vom Weine Aen. I 686: *laticemque Lyaeum*, Solin. V 16 *lat. uineus*, insofern das edle Nass in der Beere versteckt liegt oder lag). Allgemein zu „Flüssigkeit" haben das Wort erst die Dichter gemacht: *in mare ne uidear latices inferre* (Joh. de Garlandia).

---

*) Vgl. z. B. *mõtārium* statt *mõtdrium*; μοτάριον; *ãmetros* statt *ā* (ἄμετρος) *sÿrus*, richtig *sÿrus* (Varro, a. a. O.); *omnimodo* nicht *i*; *Philadelphia* trotz... *u:a*! ämi-circulus trotz ἡμι-ἀμι! *Mēlo*, richtig *Mēlo* (Νεῖλος); *mānico, māniolae* richtig mit *ā*; *grăculus*, richtig *ā*; *idyia* (εἴδυῖα!); *Lābienus*, das doch von *lābium* kommt, wie *Dorsennus* von *dorsum*; *Māsinissa* statt *ā*. *Panormitani* statt *i* u. s. w.

TUNICA nach Varro l. l. V 114 *ab* t u e n d o *corpore*, nach
Isidor XIX 22 von t o n u s *(quia in motu incedentis sonum facit)*,
ist semitisches Lehnwort, sachlich wie sprachlich mit γιτών
(κιθών) zusammenfallend. Äußere Zeugnisse dafür sind Lucilius
(Non. 536), der die *tunicae* L y d o r u m *opus* nennt, und Ennius,
der (ebenda) *probro* C a r t h a g i n i e n s i u m *tunicatam iuuentutem
uoluit dicere*. Diese Bezeichnung hat nur dann einen Sinn, wenn
das Kleid für die Punier charakteristisch war*) (vgl. *gens*
t o g a t a, *Gallia* b r a c a t a, *fabula* p a l l i a t a, „bezopfte
Chinesen" u. a.), ein Kleid, dessen die Altrömer entriethen, wie
Porph. ad Hor. a. p. 347 zeigt verbunden mit Varro ap. Non.
541. 1: *ante etenim toga fuit commune uestimentum et diurnum
et nocturnum*. Κιθών also stammt. wie längst erkannt, von dem
aramäischen *kithuna* (hebr. kithonet), das als Accusativ gefasst,
den Nom. κιθών rückbilden ließ. In statu constructo vocalisiert
man das Wort anders (wie mich G r a u b a r t belehrt). Was
Aisch. Pers. 125 βύσσινος πέπλος nennt, hieße hebr. *kthonet bûz* und
in der Genesis 37. 3 (23), wo H i e r o n y m u s *tunica polymita*
übersetzt (coll. regum II., Sam. XIII, 18—19) hat der Urtext
kthonet passim. Die aramäische Nebenform ist *ktuna;* zu dem
*ctunica = tunica substantivisch isoliertes Adjectiv**) ist. C im
Anlaut schwand vor der muta, wie beispielsweise in *laena*
Fest. 117 = γλαῖνα, *litora* neben gr. κλίτεα (Apoll. Rhod. I 599)
also urspr. „Abdachung", *lunter* = πλυντήρ, *norma* = γνωρίμη, *fun-
gus* = σφύγγος, *tisana* = πτισάνη, *tussis* = *πτύσσις, *πτύσις (πτύω)
u. a. m. Hierber gehört auch die bei Non. 148. 25 bewahrte Form
SILOTRUM aus der Fullonia des Nouius statt des classisch

---

*) Sollte man nicht auch bei Horaz ep. I. 7. 65 *Volteium . . . . uilia uen-
dentem* tunicato *scruta* popello geradeaus an die „*Trödeljuden*" denken,
die sich professionsmäßig zur Licitation einfinden? Meines Erachtens ist die
Stelle durch solche Auffassung ungleich lebendiger; denn nicht „der kleine Mann
in der Bluse" (Kießling), sondern die „Licitationshyänen" sind ständiges Publicum
bei Versteigerungen.

**) Gleichfalls ad ectivisch gebildet ist:

NOUERCA. Offenbar geht es ja zurück auf *noua era* „die neue Frau":
*nouera, welches adi. **nouercus, a, um* gab. Die Beziehung auf die Mutter
scheint ursprünglich *nouerca mater* ausgedrückt zu haben, *mater* bleibt weg
wie in *oriens, torrens* u. a. die zugrunde liegenden Wörter. Die Annahme von
nouera ist durchaus berechtigt, man vergl. das bei Georges ⁷ fehlende
PRIUERA aus Paulus: *priueras, mulieres priuatas*. Leider fehlt Festus;
aber *priua era* ist die richtige Bezeichnung für die alleinstehende Frau. Auch
UITRICUS ist Adjectiv. Die „Isidor"glossen scheinen das noch zu
empfinden; denn sie interpretieren *uitricus:* patricu s. Vgl. *bellicus, hosticus,
colonicus* u. a. Als Stamm erscheint also *uitr(o), an dessen Deutung man
kaum verzagen darf. Stiefvater wird man durch Heirat mit einer Witwe —
biuira nennt sie Varro, *quia uiro iterum nubit*. Bedenkt man, dass auch in
einer anderen Verwandtschaftsbezeichnung der alte Comparativ *iter, itera, iterum*
vorliegt (*mater-(i)tera* Festus 236. Osthoff Arch. IV 465), so wird die Vermuthung nahe liegen, dass *uir iter* „der zweite Mann" zusammengesprochen
ganz nach Analogie von *matertera: uirter* ergab, welches *uitricus (sc. pater)
schuf. Über die Erleichterung zu *uitricus* durch Ausstoßung des ersten *r* vgl.
Bücheler J. J. 1872. 113, Wölfflin Arch. IV 11: *marmor* wird *mamor*, *Marmar*
gibt *Mamercus, Mamertini*, *Mar-uors (ῶ Ἀρις τρόπαι) gab *Mauors* u. a. m.

richtigen psilothrum (ψιλωθρον). Denn dass es nichts anderes ist, beweist die Glosse des *H*: *psilotrum est confectio quaedam ex calce et auripigmento* e. q. s. Unsere Kritiker stießen sich daran, dass statt eines lat. *s* ein griechisches Sigma *(cilotrum)* in den Hss. steht. Aber was wird ihnen eben nicht alles zum Anstoß?! Gerade das in Rede stehende Fragment des Nouius ist für die Zopfigkeit unserer Kritik ein Beweisstück, wie es nicht schöner gefunden werden kann. Die alte Regel, dass der Kritiker nichts hinnehmen dürfe, was nicht im Thesaurus stehe, einem finstern Jahrhundert beschränktester Methode entsprossen, gilt heute noch als unumstößlich, heute, wo jede Woche sozusagen die Erde ein paar verschollene Wörter wieder von sich gibt, an welche unsere alten Thesauristen nicht denken konnten, heute, wo aus dem sterquilinium des Vulgärlateins und der uariae lectiones ganze Wortgruppen auferstehen und siegreich in die Texte eindringen. Man lese einmal die Stelle vorurtheilsfrei, wie sie in den Hss. steht (einen Buchstaben eingeschaltet):

non multo post s o n a r[i]u m *accēpit;* a b s e d e t,
consequitur p a e n u l a r i u m: *silotrum petit!*

Es kann keinem Zweifel unterliegen, dass hier drei Wörter sich finden, die der Thesaurus in seiner jetzigen Gestalt nicht kennt. Zunächst führt die Messung des 2. Verses nicht auf *ā* (wie allerdings Nonius verstanden zu haben scheint), sondern auf *ă*, so dass PAENULARIUM ein Lehnwort ist aus *φαινολάριον, wie *boldrium* (bei Georges [7] falsch *ā*!) *mōtārium* u. a. Bedeutung: Regenmäntelchen. SONARIUM steht daneben als Vertreter des griech. ζωνάριον vgl. Plaut. merc. 925 und das uralte Lehnwort *per-sōna* von ζώνη (Wien. Stud. 1890, S. 156) = Ver-kleidung. Endlich die Neubildung des Novius ABSEDERE „abseits sitzen", d. h. „schmollen", als subjective Neubildung durch den Mangel der Vocalschwächung erwiesen, wie *abemo* bei Paulus, *coēmo* häufig. Vgl. *persedere* Liv. 45. 39 neben *persidere* Curt. IX. 9. 37. Das alles steht nicht im Thesaurus; aber es gehört hinein. Denn das ist der Sinn des Verses, dass ein Liebhaber über die Unersättlichkeit *des* (nicht *der*) Geliebten klagt (denke an den Gebrauch des *psilotrum*):

So schenk' ich ihm ein Gürtelchen; indes er schmollt,
Ein Regenmäntelchen erschmollt er! Wieder nichts!
Was wünscht er sich? ein Haarvertilgungspräparat!

OBTURARE ist auch eines jener Wörter, denen man bis heute noch nicht beikommen konnte. Dass es griechischen Ursprungs ist, sagt P a u l u s 187 s. u. deutlich; aber das Etymon (θύρα), welches er angibt, ist unmöglich; formell wegen der Vocallänge in *obtūrare*, sachlich, weil der Sprachgebrauch dagegen ist, der nicht ein Verschließen *(obserare)*, sondern ein Verschmieren *(limo* Plin. XIX 58. 1, coll. Varro r. r. 16, Cato r. r. 154) oder Verstopfen *(assibus* Vitr. X. 12, *fasciculis* Colum. XII. 48) als herrschenden Begriff zeigt. Demgemäß dachte der alte Vossius an *thus*, wofür er Varros Autorität citierte, der bei Nonius gesagt haben soll, die Priester hätten ihre Ohren mit Weihrauch verstopft, um nicht im Context ihrer Lieder gestört zu werden. Aber dies Citat aus Varro lässt sich nir- gends finden, und an der einzigen Stelle bei Nonius, wo ein Aufschluss gehofft werden könnte (167. 4), steht nichts, als: returare *aperire, contra id, quod dicitur* opturare (wo L: Müller sehr unnöthig *operire* zufügte). Kurz, dieses Varro- citat ist gemacht, gemacht um des horazischen aures *obturare,* des varronischen aures *returare* willen. Man steht also ohne Hilfsmittel vor der Frage. Ich trage hier eine Vermuthung vor, die vielleicht nicht so ohneweiters abzulehnen ist. Hiob X. 10, wo die Vulgata hat: *sicut caseum me coagulasti* bieten die LXX: ἐτύρωσα; δέ με ἴσα τυρῷ und *coagulatum est sicut lac cor eorum* (ps. 118. 70) heißt ebenda: ἐτυρώθη ὡς γάλα ἡ καρδία αὐτῶν. Dies ist ein Sinn, der ähnlich in dem metaphorischen Gebrauch von *obturare* liegt. Es fällt mir natürlich nicht ein, direct an- lehnen zu wollen, aber ich glaube fest, dass hinter dem Worte kein anderes Etymon als τυρός steckt. Bekanntlich dient Quark (hochdeutsch: „frischer Käse") als Bindemittel für gebrochene Töpfe, als Holzkitt u. s. w. Ein Zusatz von Kalkpulver und gepulverter Kieselerde erhöht die Wirkung (vgl. Pierer IX 546 unter *Kitt).* Dass die Alten diese Verwendung des Quarkes gekannt haben, kann ich nicht beweisen; aber ich werde es so lange glauben, bis eine unwiderlegliche andere Erklärung von *obturare* gefunden ist (*returare* ist ja nur eine subjective Bildung des alten Varro). Dass τυρός auch „Kitt" (wir sagen „Käskitt") bedeuten kann, liegt auf der Hand; *obturare* scheint demnach „verkitten-, „verpappen", „verkleistern" zu sein. Wer bessere Auskunft weiß, möge nicht hinter dem Berge halten.

STUPRUM ist ebenfalls griechisch. Man hat sich bisher genügen lassen, die literarische Bedeutung zu fixieren (vgl. *pipinna* Arch. V. 191), die Entstehung des Wortes liegt im Dunklen. Und doch ist Festus da; *stuprum pro turpitudine anti- quos dixisse apparet in Nelei carmine:*

> *foedé* s t u p r é *que cástigór cotídié.*

Also: *stuprum* ist ursprünglich Adjectiv und steht für jede *turpitudo.* Georges [7] übersetzt „schändlich" ; ich übersetze, da der Begriff des schändlichen schon in *foede* liegt, ganz einfach „hart", da ich von der Identität mit gr. στυρρός (zuerst Aristot. h. a. II. 17) überzeugt bin. Neben der gr. Adverbialform στυρρῶς steht lat. *stuprē,* wie *palaestricē* (Cic. opt. gen. 8) neben *palaestricōs* (Afran. 154 R.) *tyrannice* (Cic. Verr.) neben τυραννικῶς. Vgl. aus Plautus *prothyme, euscheme, dulice, basilice comoedice* u. a. m. Der Bedeutungswandel von „hart" zu „rauh" ist schon gr. bei Aischylos in den Persern (79) στυρελοῖς ἐρέται; und bei Homer ist das Wort für alle Arten der Misshandlung gang und gäbe (z. B. π. 108 f.)

> ξείνους τε στυρελιζομένους, δμῶας τε γυναῖκας
> ῥυστάζοντες κ. τ. λ.

Dass die Volkssprache das Wort kannte, zeigt Aristoph. ἱππ. 537, wo die Scholien das Wort στυφελιγμός richtig durch ὕβρις erläutern.

Facit: Erstens *stuprum* sagt nicht mehr, nicht weniger, als unser „*Vergewaltigung*" oder gr. ὕβρις, und zweitens begreift man, warum alle römischen Schriftsteller das Wort unbesehen in den Mund nehmen; ist es ja doch nobles Lehnwort für die höchst ignoble Sache. Ich muss denselben Misstand bekämpfen bei MUTTO. Die griechische Abstammung beweist das Deminutivum *muttonium* (vgl. Arch. VI. 563 über *spinturnix* = *spinturnicium*). Die literarische Bedeutung liegt klar; aber damit ist etymologisch nichts zu gewinnen. Das Wort ist ein Euphemismus; das Etymon findet sich bei Aristoph. Plut. 279, equ. 633 als Schimpfwort: μόθων, „Bruder Lüderlich" mit Lessing zu reden. (Vgl. μοθωνικός Plut. Pericl. 5.) Formell vgl. στρόφος, = *struppus*, βραχίων = *bracchium*, μύθος = mutt(ire) Hauet, mém. de la soc. VI 115. *Mutto* heißt also „Spitzbub", „Hallunke". Diese Etymologie erklärt ungezwungen den auffälligen Quantitätswechsel bei Mart. III. 73, XI 63; Priap. 52. 10, wo überall *mŭtoniatus* steht, ganz wie neben altem *struppus* das junge Fremdwort *strophium*.

PROSPERE. Seit Nonius 171. 22 M. dies Wort zu *spes* stellte *(prospere = pro spe)*, hat man daran festgehalten, zuletzt Bréal S. 286; aber man ist nicht imstande, die doppelte Quantitätsverschiedenheit glaubhaft zu erklären. Unglaublich ist, dass neben *spērare* ein *prospĕrare* stehen kann, noch unglaublicher jedoch die Verlängerung eines ablativischen *e (spērĕ)* zu *ē (prospĕrē)*. Für das erste bringt Bréal eine annähernde Analogie, für das zweite kann er kein Beispiel beibringen. Kurz: Nonius hat geirrt, seine Anlehnung ist volksetymologisch. Richtig aber hat er erkannt, dass *prospere* älter ist, als die Adjectivform *prosper*. Dies zeigt vornehmlich das Schwanken in der Nominativbildung. Wer dem Worte lateinisches Bürgerrecht zuerkennt, schreibt *prosper* (wie *onager, Antipater, Alexander* u. a.), vorsichtige Leute wie Cicero (r. p. VI. 17 u. a.) blieben bei *prosperus* (vgl. *onagrus, Antipatrus, Alexandrus* u. a. Saalfeld, Lautges. S. 95). Man schwankte darum, weil man das Wort als griechisch erkannte. Man kann wohl an das gleichbedeutende πρόςφορος*) denken; denn wie γλαφυρός = *glaber*, so kann πρόςφορος = *prosperus* sein; aber es ist mir wahrscheinlicher, dass προςφερής zugrunde liegt, welches in gleichem Sinn dialectisch gebraucht wird (Herodot V. 111 u. a.). Denn man muss die Thatsache festhalten, dass *prosperē* überwiegend in der Literatur prädicativ zu neutralen Pronominalformen steht (Nep. XIII 4 quae *prospere* ei cesserunt XIV 6, VII 7. omnia *prospere* gesta u. a., d. h. προςφερῆ), wofür z. B. nach freundlicher Mittheilung Professor Wölfflins „*die Liviushandschriften meist bieten*: haec prospera euenerunt, *während die Edi-*

---

*) Aesch. 198 δόμοισι τοῖςδε πρόςφορον μολεῖν, Soph. El. 226 πρόςφορον ἔπος; = *prosperum uerbum*.

toren p r o s p e r e *corrigieren.* *Vielleicht"*, meint Professor W.,
„*hatte man noch das Gefühl, ein Adjectiv vor sich zu haben; die
Stellen hat Dr. E. H a u l e r gesammelt.*" *)
    Von einem *prospere eueniunt omnia* war nur ein Schritt
zu thun, der gethan ist von C i c e r o n. d. II 66 *magnis uiris
prospere eueniunt* o m n e s r e s. Damit ist das Wort functionell
völlig Adverb geworden, die isolierte Form an die Adjectiva
auf *er* appercipiert gibt Anlass zur Rückbildung der adjecti-
vischen Formen, wie aus *sedulo sedulus,* aus *se igne* (Isid. orig.
X 19) *segnis* aus *sine cerū sincerus* aus *ob uiam obuius* u. a. rückgebildet sind. Die stärkste Waffe für diese Auffassung hole
ich aus der Thatsache, dass der sprachgewandteste Dichter
des Scipionenkreises, L u c i l i u s, nicht *prosperari,* sondern
    PROSFERARI schrieb. Zwar hat der neueste Herausgeber
a. a. O. (158. 11 M.) *p* geschrieben, allein unrichtig, denn der
Bestand der Hss. spricht für *f: prosferari* lesen H F B ohne
Makel und mit ihnen $L_2 G_2$. G_1 hatte ursprünglich *proferrari*;
jenes von M ü l l e r aufgenommene *prosperari* beruht lediglich
auf L_1 und einer späteren Marginalnote im H. Der Nonius-
kenner kann nicht zweifeln, dass *prosferari* die einzig richtige
Lesart ist. Sie stützt unsere Etymologie und ist festzuhalten
als ein wichtiges Zeugnis eines interessanten sprachgeschicht-
lichen Vorganges. Die lateinische Verbalform steht wie in
    REDIMIRE. Von ältern Versuchen schweige ich; das
Alterthum bietet nichts, F e s t u s und I s i d o r umschreiben
bloß den Begriff. B r é a l knüpft an *amicire* an; aber lautlich
ist seine Ableitung unmöglich, und der Begriff von *amictus,*
amictorium ist sachlich himmelweit von einem Halskettchen
entfernt; in *redimire* liegt nicht das „Umwerfen", „Umhüllen",
sondern lediglich das „Binden" (Plaut. truc. II 4. 41 *laqueus et
redimiculum*). Der richtige Weg ist folgender: Δέω entwickelt
1. δέσμα „Stirnband" Hom. X 468, 2. δῆμα (coll. διάδημα) schol.
Apoll. Rhod. II 525, 3. δέμα „Band" Polyb. VI 33. Wie nun
διάδημα bei Pomponius 163 und Apuleius X. 30 der A-Decli-
nation folgt, so gieng *dẽma* componiert *redima* (man knüpft es
„rückwärts") ins Latein über. Wie C. C a e c i l i u s M e t e l l u s
cos. 117 *diadẽmatus* hieß, so heißen eben Leute mit rückgebun-
denem Stirnbande *redimiti.* Daraus ist *redimire, redimiculum*
durch Rückbildung entstanden. Erwies sich demnach *prosper*
als Lehnwort, so wird aller Wahrscheinlichkeit nach auch
    PROPERARE griechischen Ursprungs sein. Ausgangs-
punkt sei *im-propero,* für dessen richtige Deutung man nur auf
Stellen wie Γ 64 od. Herod. IV. 151 Θηρχίοισι πρρέρρς *(impro-
perabat)* ἡ Πυθίη τὴν ἀποικίην aufmerksam zu machen braucht.

---

*) Am 15. Febr. schrieb mir Professor W ö l f f l i n : „*Prospere* kann nicht
aus *pro spere* entstanden sein, 1. weil nur der Plural *speres* zum Unterschied
vom Sing. *spes* belegt ist; 2. weil *pro spe* nicht vorkommt, sondern nur *spe
citius* u. s. w.; 3. weil *pro spe* verringernden Sinn hätte." Hingegen bemerkt
derselbe Gelehrte auch, meine Annahme, dass zuerst das Adverb lebte und
daraus das Adjectiv abgeleitet wurde, lasse sich nicht historisch nachweisen.

Non impropero illi bei Petr. 38. 12 (vergl. Dem. 18, 252 ἄνθρωπος ὢν ἀνθρώπῳ τύχην προφέρει) ist also ersichtlich Lehnwort, die Composition erst auf lat. Boden entstanden wie *ap-propero, de-propero;* der Übergang in die A-Conjugation nicht auffällig. Aber auch einfaches *propero* deckt sich mit προφέρω, wie schon Hand (Tursell. IV 599) dunkel geahnt zu haben scheint. Die ältere Anwendung im Latein scheint die transitive zu sein. Hes. ἐκή 579:

ἠώς τοι προφέρει μὲν ὁδοῦ, προφέρει δὲ καὶ ἔργου

drückt das „Weiterbringen", „Fördern" der Arbeit genau so aus, wie das sallustische *iter properare* oder Horazens *opus properare.* Pindar (p. II 86 νόμον εὐθύγλωσσος ἀνὴρ προφέρει) gebraucht das Wort transitiv, wie die Römer: *properat per uulnera mortem* Vergil IX 401 „fördert", „beschleunigt". Fein und sinnig stellt Gellius X. 11 (zu Verg. geo. IV 171) *maturare* als „Ausreifen" dem *„properare",* der „Frühreife" entgegen: *quando ea, quae praeter sui temporis modum properata sunt, immatura uerius dicantur.* Georges übersetzt „Treibhauspflanzen" nicht unrichtig; obwohl „Frühobst" richtiger wäre. Es kann nun nicht auffallen, dass man Bäume mit Frühobst griechisch φυτὰ προφερῆ nennt, woher die Metapher im Euthydem 271 B stammt: ἐκεῖνος μὲν σκληρός, οὗτος δὲ προφερής (frühreif) καὶ καλοκαγαθὸς τὴν ὄψιν. Man könnte noch anderes für die in Rede stehende Frage beibringen; allein man muss nicht alles erschöpfen wollen. „Kürze ist des Witzes Seele," sagt Shakespeare und langes Reden zerstört eher die Intuition.*)

FETIALES. Die Etymologien der Alten weichen himmelweit von einander ab. Varro (l. l. V 86 *quod* fidei *publicae inter populos praeerant)* steht Verrius Flaccus *(a* feriendo *dicti)* gegenüber, und Recht hat keiner. Bei Nonius 529. 16, wo ihre Thätigkeit umschrieben wird, steht zwar keine Ableitung; aber L. Müller nimmt aus den Hss. richtig die Orthographie *faetiales,* allerdings ohne Begründung.

„On a voulu rattacher *fetialis* au uerbe *fari* „parler". mais cette dériuation est loin d'être démontrée," sagt Bréal mit Recht; denn dass auf lateinischem Boden aus *fari* oder *fateri* (Schöll XII tabb. p. 94) *fëtialis* werden konnte, ist absolut unmöglich. Dieser Übergang aber von κ zu η ist dem Griechischen eigenthümlich, φημί, φῆμις, φῆμα zeigen ihn.

---

*) Für griechisch halte ich auch CONTUMELIA, d. h. *κοντομηλία „die Sondierung (nicht mit der μήλη, sondern) mit dem κόντος" also eine specielle Art der Misshandlung, eine Bezeichnung, die wahrscheinlich in der Komödie gang und gäbe war; vgl. Auth. Pal. XI 126:
οὐ μήλη, τριόδοντι δ' ἐνήλασέν με Ναξῖνος.
Demnach ist *contumelia* ein ebenso bildlich gebranchter Ausdruck wie unser „Wink mit dem Zaunpfahl"; os praebere ad contumeliam Liv. IV. 35 zeigt noch die *manuelle* Thätigkeit. Literarisch zeigt sich der Begriff *Misshandlung* (Non. 430. 10), metaphorisch (uerborum contumelia Cic.) zur *Schmähung* und von hier metonymisch zur Schmach entwickelt. Ein wohlmeinender Freund nennt diese Aufstellung „kühn". Ich glaube, lieber kühn denken, als gar nicht.

Fetialis ist eine Adjectivbildung von einem abstr. **fētia,*
gr. **ϙητία*, **ϙητεία* Botschaft, welches dem griechischen προ-
ϙητεία zugrunde liegt. Anakreon XXXII 11 preist die
Cicade als „Sommerbotin“:

$$\vartheta\text{έρεος γλυκὺς προφήτης.}$$

Man versteht also die Verbindung *legati fetiales* (Varro
ap. Non. l. l., Liv. IX 11. 11) „Gesandte, die eine Botschaft
bringen“. Mit dem hier Vorgetragenen ist aber auch Müllers
Orthographie gerechtfertigt, vgl. *scaena* CIL I 594, Ribbeck
prol. in Verg. 287, *scaeptrum* Varro l. l. VII 96; V 97 u. a.
Dass ein Terminus des Völkerrechts griechisch ist, wird umsoweniger befremden, wenn man z. B. das seltsame Wort
TRIUMPHUS vergleicht. Die Griechen der Spätzeit über-
setzten das Wort mit θρίαμβος und der zufällige Anklang
täuschte Varro (l. l. VI 68): *id a* Θριάμβῳ, *a graeco Liberi
cognomento* potest *dictum.* Unkritik der Späteren macht Varros
bedingte Vermuthung zum Dogma. Vgl. Isid. XVIII. 2 *qui
dictus* est ἀπὸ τῆς θριάμβης (sic) *id est ab exultatione.* Und das steht
heute noch bombenfest (Bréal, Saalfeld). Man übersieht
dabei 1. die Unmöglichkeit des Übergangs von hochtonigem
a zu *u.* Saalfelds Beispiel *Hecuba* = Ἑκάβη (vgl. ὀκταπλοῦς
= octuplus) ist nicht gleichgeartet, da hier das *A* tieftonig ist.
Aber wie *iámbus* seinen hellen Laut behielt, so hätte ihn das
verwandte *thriambos**) ebenfalls bewahrt. 2. Ein Übergang
von gut articuliertem *b* zu der im Latein nicht vorhandenen
Lautgestalt *ph* ist absolut widersinnig und unbeleglich.
Bréals Beispiele (carbasus, buxus) beweisen gerade das
Umgekehrte, dass nämlich π zu *b* ward. Anführen könnte
man vielleicht *Bosphorus* und *trophaeum*; aber darin sieht jedes
Kind die volksetymologische Anlehnung an φόρος und τροφή.
Volksetymologie aber versagt hier. 3. Man übersieht, was Varro
als das Haupthinderniss empfand, dass θρίαμβος dem dionysischen
Cultkreise angehört; dem römischen Triumphe, der dem Jup-
piter Optimus Maximus galt, fehlt zwar die Roheit im allgemeinen nicht, wohl aber der dionysische Stempel, der bac-
chische Zug.

Sehe ich recht, dann ist *triumphus* = **τρίομφος,* wofür
ich zunächst die Analogie von *ouare, ouatio* ins Feld führe,
vgl. εὐάζειν und Hauet mém. d. l. soc. VI. 17 *(panomphaeus* bei
Ov. met. XI 198). Pindar nem. X. 33. singt:

$$\text{ἀδεῖαί γε μὲν ἀμβολάδαν}$$
$$\text{ἐν τελεταῖς δὶς 'Αθαναίων μὶν ὀμφαὶ}$$
$$\text{κώμασαν.}$$

Er sagt damit nichts anderes als Ennius in der auch nach
Vahlen (Sitz. Berl. Ak. 1888, p. 48) noch höchst controversen
Stelle bei Non. 385. 6, deren zweiter Vers lauten soll:

mox [*se*] *auferre domos* populi rumore secundo

oder uns näherliegend Uhland (uer sacrum):

Und jene zogen heim mit Siegesruf.

---

*) Θρίαμβος für *θος-ίαμβος (θρώσκω); vgl. aeol. δι-θύξαμβος aus *θυρ-ιαμβος.

Dass der Grieche eine τρίουρος πομπή oder einen τρίουρος κῶμος bilden konnte, liegt auf der Hand. Es ist Zopf, eine lautlich und sachlich unhaltbare Etymologie nur deshalb zu schützen, weil das wahrscheinliche Étymon in einer fremden Sprache nicht literarisch überliefert ist. Auch hier aber zeigt sich neuerdings die enge culturelle Durchdringung beider Nationen. Nicht viel anders steht es um:

GANEUM *antiqui locum abditum ac uelut* s u b t e r r a *dixerunt* Paul. s. u. Vgl. Isid. X. 8 *occulta loca et* s u b t e r r a n e a, *quae* g a n e a *Graeci uocant.* Das ist doch sicher eine feste Überlieferung. Man sieht deutlich das Etymon γᾱ bei V e r r i u s und I s i d o r durchschimmern; aber die Linguistik glaubte nicht, weil — nun weil das Wort nicht beim S t e p h a n u s zu finden war. Zunächst scheint V a r r o (ap. Non. 208. 12) das Wort mit *ē* gebraucht zu haben. Zwar ist die Stelle inhaltlich nicht völlig klar (de puero meritorio loqui uidetur), aber aller Wahrscheinlichkeit nach ist sie Vers:

quí *se in* g a n ē u m *úc censum coniécit amicae.*

Aber selbst wenn ich mich hierin täuschen sollte, so muss die Form *gānēum* doch existiert haben, sie liegt dem gewöhnlichen *gāneum* ebenso vor, wie *platēa* vor *platĕa.* Wir haben gr. περίναιον, ἔναιον. Letzteres ist nach S u i d a s (schol. Ap. Rh. 2. 1086) ein Ort, um darin zu wohnen. Wie nun neben ἐγ-γενή; ein γη-γενή; in Poesie und Prosa gebräuchlich ist, so führt ἐν-ναιον zu *γή-ναιον dor. *γά-ναιον: οἴκησις κατάγειος Plato rep. VII 514ª, Kellerwohnung „Souterrainlocal", *locus subterraneus,* wie Isidor sagt. Ich lege gar kein Gewicht darauf, dass sich neben περίναιον schon gr. περίνεον (Πιάνθειον-Πιάνθεον) findet (vgl. die Lexica); die Kürzung kann auch ganz und gar auf lateinischem Boden stattgefunden haben. Anschließend daran sei bemerkt, dass das sinnverwandte

GURGUSTIUM *(genus habitationis angustum* a g u r g u l i o n e *dictum* Paul.) jene Vulgärform *ūstium* = *ōstium* für die classische Zeit schon litterarisch belegt, welche G r ö b e r (Arch. VI 149) auf Grund der romanischen Sprachen verlangt, D i e z EW I *uscio,* Schuchardt Voc. II 127 aus spätlateinischen Quellen aufzeigen. Demnach kann in dem Worte nur eine Composition von *gurga* (gromatici 330. 19) mit *ustium* erkannt werden und die wörtliche Bedeutung ist „Schlundthüre", d. h. „enge Thüre", so eine Art „Hinterpförtchen". Vielleicht hat es diese Bedeutung noch bei Cic. Pis. 13 *meministine .... nescioquo e gurgustio te prodire.* Der Übergang zum Begriffe der engen Wohnung dürfte sich wohl vermittelt haben durch *in gurgustio habitare* „beim H. wohnen". „Mansarde" aber oder etwas ähnliches ist es in der Literatur.

Die innere Vermengung beider Nationen drückt sich am deutlichsten in den hibriden Wörtern aus. Nicht erst der Versdrechsler von B u r d i g a l a hat Mischformen gebildet wie *gelidor_gomεgοί* καὶ *frigdoποηται, teneroπλόκαμος* oder *πολυ-cantica,* nicht erst F r o n t o hat Dinge wie *Plautinώτατος* oder das ciceronische *factíov* gewagt, nicht bloß Plautus hat kühn die Elemente beider Sprachen durcheinander geworfen, sondern eine ganze Reihe gut bezeugter Wörter sind halb lateinisch, halb griechisch. Ich erinnere an die Sprachmischung in *per-ζώνα* (d. i. *persona*) Wien. Stud. 1890, S. 156, an *quoct-ύρνιξ* (d. i. *coturnix* Archiv VI 563), an Potts überzeugende Deutung von *prandium* als *πραν-edium* „Vor-essen", neben dem *prandere* ein Denominativ ist von **prandus* (vgl. *deprandus, deprandis*), welches seine Perfect- und Supinformen nach Analogie von *respondere* schuf. Auch unterliegt es wohl keinem Zweifel, dass in

PERENDIE kaum uraltes arisches Erbgut (Stolz, Archiv II 498 nach Usener), sondern nach Vossius nichts als zusammengewachsenes „*πέρην-διε*" vorliegt in Analogie zu *ho-die, pri-die, meri-die, postri-die, prope-diem* und andern; zu der nach dem Muster von *nundinae nundinari πέρην-dinus, com-πέρην-dinare* sich bildete. Der Lateiner hatte kein Wort für „übermorgen" und behalf sich mit *dies tertius* Cic. Muren. 27 oder griff zum Fremdworte: Cic. ad. Att. XII. 44. 3 *scias igitur fortasse* ҫ r a s, *summum* peren-die „am Tage drüber" ganz ähnlich dem griechischen *χθές και τρίτην*. Viel wichtiger aber scheint mir die Sprachmischung in *helluo* und *caeremonia*. Was zunächst

HELLUO betrifft, so erkenne ich im zweiten Bestandtheil durch Vergleich von *ab-luo, di-luo, col-luo* u. a. zunächst *lauere* (Havet, mém. de l. soc. d. lingu. VI 19) womit sich die Deponensform . . . . *luari = lauari* deckt. Das anlautende *hēl*... aber ist nichts als griechisches *ἡδύ*. Aus *ἡδὺ-lauari = hēdu-luari* durch *hed-luor* ergibt sich richtig *helluor* (vgl. *pelluuiae* statt **pedi-luuiae*), dass man später *hēluor* schrieb, mag auf Volksetymologie (an bēlus?) beruhen. Für den Zusammenhang mit *lauare* spricht schon Festus: *heluo dictus est immoderate bona sua consumens ab* eluendo.*) Man vergesse nicht, dass in Rom aller Comfort *lautia* hieß *a lauatione scilicet* (Festus 68. 19)̊, *quia apud antiquos hae elegantiae, quae nunc sunt, ̦non erant et raro aliquis lauabat*, man beachte, dass *lautus, lautitas, lautitiae* den gleichen Übergang ins „luxuriöse" zeigen, während der Grieche die gleiche Vorstellung mit *ἡδύς* verband. Die *hedupagetica* des Ennius zeigen diese Auffassung auf lateinischem Boden ebenso, wie *hedychrum* bei Cic. tusc. III 19, das man nicht trennen kann von Varros Vers aus den Synepheben 511. 13

    hic nárium seplásiae, hic h ē d y c [r] u s *Neápolis,*

wo L. Müller ganz unrichtig Neapolis für einen Genetiv ausgibt. Weiter ausholen muss ich über

CAEREMONIA. Denn es gilt hier vor allem die ganz singuläre Stellung dieses Wortes unter den übrigen Bildungen auf *monia, monium* ins Auge zu fassen. Dass *monium* in den Grammatiken lediglich als „Suffix" feilgeboten wird, kann

---

*) Cic. de domo 124 *ille gurges* h e l l u a t u s *tecum simul rei publicae* s a n g u i n e ist noch deutlich: „der sich im Blute mit Wollust gebadet hat"; sicher nichts anderes.

unsere Auffassung nicht hindern, in ihm ein selbständiges Wort zu sehen. Wer *matri-cidium* mit *matri-monium, parci-loquium* mit *parci-monia, acri-folius* mit *acri-monia, testi-ficari* mit *testi-monium* u. a. vergleicht, muss dies ohneweiters zugeben. Als entsprechende Apperceptionsgruppe bieten sich dar: *moenia, munus, moenire, munia*. Der lautliche Bestand des langen *o**) findet seine Stütze in folgendem:

Abgesehen von *noenum-non*, abgesehen von den vulgär-lateinischen Formen *commōnis* u. a. (Löwe prodr. s. u. oft z. B. bei Virgilius gramm.) hat Ennius sat. 8 (Cic. de fin. II 32. 106) *mōnīmenta*, wo M u r et *munimenta*, andere *moenimenta* vermutheten. Dass .die Schreibung vielleicht zu halten sei (die Coincidenz mit *mōnīmenta* ist ja lediglich graphisch), wird durch die ein-hellige Schreibung der Hss. bei Nonius 23. 9 wahrscheinlich: *mones aput ueteres dicebantur ....* Hier hat nur F₂ *munes*; aber das ist eben eine Schlimmhesserung. Offenbar war *mones* in dem jetzt verlorenen Verse des P a c u u i u s citiert, der also auch in dieser Hinsicht „*discipulus .... fuit Enni*". Ich stelle dazu das unanfechtbarste Zeugnis, nämlich den Namen des lago di Bassano, der als Dingstatt der etrurischen Eidgenossenschaft (Liv. IX 39. 5, Plin 2. 209 u. a.) mit Recht der „Bürgschaftsee" *lacus* u a d i m ō n i s heißt. Dies Wort bildet den erwünschten Übergang von Wörtern wie *com-munis, im-munis*, zu *uadi-monium* u. a.

Die Bildungen des Laberius *mendici-monium, moechi-monium*, so subjectiv sie an sich sind, zeigen also noch klar und deutlich die Bedeutung der *munia moechi, mendici*, wie ja völlig treffend *matri-monium* mit *Mutter-pflicht, Mutter-amt* sich übersetzen lässt. Auch *uadimonium* gehört hierher, wie *testimonium*, ja selbst *patri-monium* in der Auffassung, dass der Erbe die Pflichten des Vaters übernimmt; doch werden diese Wörter ebenso con-cret, wie das plautinische *mercimonium* (Amphitr. 1). Dies ist die erste Gruppe substantivischer Ableitung. Es reihen sich adjectivisch abgeleitete an, in denen neben der neutralen Form auch die feminine sich findet: *sanctimonium (... ia)* ist das *officium sancti hominis* die Heiligkeit: *parci-tristi-falsi-alacri-monia* u. a. Bezeichnend für die Entwicklung der Begriffe ist *acrimonia*. Die alte Litteratur (Naev. Acc. Cornuf. Cic.) gebraucht das Wort nur von dem „scharfen Wesen" des Charakters, der

---

*) ULTIMUS (= ūltimos) ist analog. In den Sitzber. d. pr. Ak. 1888 (p. 45) hat V a h l e n das Enniusfragment Non. 110. 7 behandelt und die ältere Auffassung gegen die uruere mit vielem Schein vertheidigt. Aber wenn er statt des hsl. *e summo regno ut famul* optimus *esset* mit Lipsius, Merula, Columna *infimus* schreibt, so ist dies unhaltbar. Schon F a b e r, dem Quicherat folgte, vermuthete *ultimus*, welches sachlich völlig entspricht (vgl. *ultima stirps* bei V e l l e i n s gegen ein *summa stirpe natus*). Aber die richtigo Schreibung ist *ūltimus*, das in *obtimus* verlesen zur Vulgata führte. Neben *onls* (Varro 1. l. V. 50) steht *ūltimus* und *ultimus*, wie *nountius* (Mar. Vict. 2459) *nōntius* (Inscr.) *nun-tius*; *bōbus* = *būbus* (*b o u - bus); *prūrice* = *prūrire* (Z. f. ö. G. 1890, p. 17) *nōn-dinum* (SC de Bacc.), *nundum* (Inscr. Afr. 3989) u. a. Über *nōtrix* = *nūtrix* (Quintilian 1. 4. 16) vgl. unten S. XVII.

Rede; erst Spätlinge wie Plin. Colum. Min. Fel. von Gewürzen.
Gerüchen. Man ersieht, dass den Ältern die stammhafte Bedeutung des Grundwortes noch einigermaßen fühlbar war. Aus
dem Kreise dieser Bildungen treten zu einer dritten Gruppe
verbale Ableitungen zusammen, ersichtlich nach den eben aus-
geführten Analogieformen. Ob *gaudi-monium* hier oder den adj.
beizuzählen sei (vor *gaudere* muss ein *gauidus, *gaudus liegen),
entscheide ich nicht; aber *queri-regi-ali-monium* sind analogisch
erwachsen. In diese drei Gruppen theilen sich die Wörter;
wohin gehört *caeremonia* (Nebf. *caeremonium*)? Dass dies die
richtige Schreibung ist, wissen wir seit B r a m b a c h (330) sicher.
In *caerimonia* (Cic. d. r. p. II 14. 26) darf man nur den Versuch
sehen, die Analogie mit den übrigen Wörtern herzustellen.

Festus weiß keinen Rath *(ab oppido* C a e r c.... *alii a*
c a r i t a t e...), Massurius Sabinus (Gell. IV. 9. 8) noch weniger
(*a* c a r e n d o); am allerwenigsten jedoch unsere Linguisten, die
an *creare* dachten, und so den Begriff „Handlung" gewannen;
aber das charakteristische Moment der „Verehrung" fehlt
dieser Etymologie ganz, und das ist dem Worte doch nicht
aus der Luft angeflogen. Ich scheide das Wort in seine Theile
und glaube bestimmt, dass *caere* hier nichts anderes ist, als
was es immer in der Latinität ist, nämlich das gr. χαῖρε, wie
bei Lucil. im 2. Buche

.„c a e r e" *inquam Tite*........ „c a e r e" *Tite*......

Ich verweise dafür auf die dem gr. χαιρέ-φυλλον („*Grüß*
dich Gott-Blatt") nachgebildete Juxtaposition: c a e r e -*folium*,
die eben so hibrid ist wie unser „Kerbel-Kraut". Dies
Wort ist nicht kühner als „*Nolimetangereblüte*"; in *caeremonia* aber
sehe ich die χαῖρε-*Pflicht*, das officium salutationis; metonymisch
wird es die Ehrung und ehrende Handlung selbst, ja endlich
(Tac. hist. I. 43) der verehrte Gegenstand. Wollte man Beispiele aus dem Deutschen für solche Bildungen beibringen, so
könnte man mit „B r a v o *rufen*", „V i v a t *schreien*", „A d i e u-
sagen" u. a. m. dienen. Ich füge noch eine hibride Bildung bei,
die von den Lexicis durchaus verkannt ist. Auch hier muss
ich weiter ausholen; denn: iterare cursus cogor relictos.

Als ich Archiv V 289 über die Etymologie des Wortes
discipulus handelte, war ich Widerspruchs gewärtig. Professor
B r é a l hat auch V 579 w i d e r s p r o c h e n, ohne mich allerdings
zu w i d e r l e g e n. Unumwunden stimmt der französische Gelehrte
mir zu, dass das Wort (nach der gewöhnlichen Auffassung)
eine Missgeburt ist: „au point de vue grammatical le mot est
mal formé"; gegen meine Ableitung bringt er thatsächlich nur
die Bemerkung, „Entscheidungen zu fällen" *(discipere)* sei nicht
im allgemeinen Sache des Schülers. Wohin *discipere* führt, habe
ich ausdrücklich bemerkt, ich habe auf das *deduci*, auf die
forensischen Studien hingewiesen. Und dass ich damit voll-
ständig Recht habe, dafür citiere ich nun niemand geringeren,
als Seine des Kaisers Justinian Majestät. In seinem Schreiben
an die Antecessores (vor den Digesten) §. 5 sagt er: *sed quia*

solitum anni quarti studiosos Graeco et consueto vocabulo (Umgangs-sprache) l y t a s *appellari, habeant hoc cognomen* . . . . *quinti anni, quo* p r o l y t a e *nuncupantur, metas* . . . . (§. 6) d i s c i p u l i *igitur omnibus arcanis reseratis* . . . . . Hier haben wir die gesuchte Parallele, wir haben *discipuli*, deren officieller Name λίται ist; „Löser" im Sinne des Lösens juristischer Streitfragen (r e s p o n s a *Paulli ex libris XXIII recitabant* a. a. O.), genau so, wie ich es für *discipulus* im Archiv angenommen habe. Was aber das Wort PROLYTAE betrifft, so schreiben selbst denkende Männer wie G e o r g e s ', D e - V i t, R o s t, K l o t z ein gr. *πρόλυται an und bereichern damit die griechische Sprache ganz unerhört. Denn es ist Nonsense in optima forma, hier ein griechisches πρό zu suchen. Wie der *praetor* zum *pröpraetor*, der *consul* zum *pröconsul*, so stehen die λύται zu den p r ō - λ ύ τ α ι. Die hibriden *prōlytae* sind eben gewesene *lytae*. Ich kann demnach auf der von mir im Archiv vertretenen Etymologie nur fort beharren. Mir wird in *discipulus* stets ein ebenso entwerteter Ausdruck auf-scheinen, wie unser „Student" und „Professor" aus den Regionen des Universitätslebens tiefer und immer tiefer gesunken ist. „*ABC-Professoren*" sind heute wohl noch Ironie, vielleicht in kurzer Zeit aber kann man sie erleben.

Der oben besprochene Wechsel von *ou, ū, ō* führt mich zur Behandlung von NUTRIRE; denn nach einem ganz bestimmten Zeugnisse des Q u i n t i l i a n (I, 4, 16) hatte gleicher Wandel auch in diesem Worte statt: *quid* o *atque* u *permutatae inuicem? ut* . . . . . n o t r i x . . . . *scriberetur.* Unsere Linguisten waren gleich mit einer Wurzel *snu, sna* bei der Hand, und so erfährt man bei einem von ihnen: „*Nutrix* ist die Person, die *fließen* macht (nämlich *Milch*) also: die Nährerin, Amme." Das sieht nach etwas aus; aber es wird nicht recht gehen; denn der n u t r i - t o r steht im Wege. Ein „Säugerich" oder „Ammerich" ist eine ebenso unsinnige Bildung, wie der „Gebärerich" *(partor),* über dessen logische Unmöglichkeit ich Z. f. ö. G. 1889, 200 f. ge-handelt habe. Was aber logisch Unsinn ist, das kann die Sprache nicht bilden. Wir haben aus dem Alterthum nur eine Etymologie, der gegenüber man aber rathlos dasteht: I s i d o r X. 189: n u t r i t o r *est quasi* n u t u e r u d i t o r. Es ist leicht, über den tollen Bischof von Sevilla zu lachen und sich mit dem geriebenen Witz des Jahrzehnts über den Alten zu er-heitern; es ist aber schwer, aus dem Unsinn den tiefen Sinn zu fühlen. Und in der That: I s i d o r s Etymologie ist sinnig, sinniger als man glaubt. Zunächst fühlte er in dem Worte nicht die Thätigkeit der Amme, das „Milchfließenmachen" (Gott verzeih ihnen!), sondern ihm war der *nutritor* ein *Erzieher* (Cic. *nutrices et paedagōgi* de am. 20). Und damit stimmt der Sprachgebrauch. Suet. Calig. 8 sagt der namenlose Dichter: *in castris natus*, p a t r i i s n u t r i t u s i n a r m i s und so nennt S u e t o n selbst die Erziehung des C a l i g u l a *nutri-mentum* (vgl. Val. Flacc. III 127, Cic. or. 13 fin.), ja H o r a z —

der doch auch Latein verstand — sagt ep. II 2. 41 (vgl. Pacuu. ap. Fest. 281 *depulsum mammā paedagogandum accipit*) Romae nutriri *mihi contigit atque doceri*.

Als er aber nach Rom kam zu Professor Orbilius; da war er wohl der Amme schon längst entwachsen. Und zu alledem haben wir ebcn den *nutritor Alexandri* (Hofmeister, Lamprid. 15) den *nutritor Gniphonis* (Suet. gramm. 7), der das „Ammenmärchen" der Linguisten widerlegt. Auch bei Statius Theb. X 228 ist der *uolucrum nutritor equorum* beileibe keine säugende Stute, sondern ein „Pferdezüchter", ein Gestütsbesitzer. Vgl. Mart. VIII 28, 5 *nutritor stabuli*. Das alles hätte man mit Hilfe des vielgeschmähten Isidor herausbringen können; aber man hätte zweitens erkennen sollen, dass Isidor das Wort als Compositum fühlte; dass ihm nutritor in zwei Theile zerfiel, deren erstern er sich mit *nutus*, den zweiten mit *eruditor* deutlich machte. Und darin hatte er vollauf Recht, wenn auch sein Etymon *nutus* falsch aufgegriffen ist.

Bréal S. 116 führt aus, dass *delinere* das Perfect *delēui* geboten habe. zu dem delere eine Rückbildung ist. Derselbe Vorgang im Spätlatein, wo zu *prosternere* aus *prostratum* prostrare (Ott. J. J. 1874, S. 836), zu *conterere* aus *contriui* contrire rückgebildet wird (Thielmann Arch. III 542). Und ganz so sind zu den Formen nu-tritus 3, welche statt *noui-tritus 3 stehn, die Präsensformen *nutrire* u. s. w. lediglich durch Rückbildung entstanden.*)

Begrifflich also muss man ausgehen von τριβή, παιδοτριβεῖν, *νεο-τριβεῖν (νεοτριβής hat anders geartete Bedeutung), man muss sich an *aures tritae* (Cic.), *manus tritae* (Vitruu.) erinnern und wird in *noui-tritus*, *nou-tritus dann ganz richtig den Begriff der Kindererziehung ausgedrückt finden. Von *nou-tritus, *noutritor, *nou-[tri]trix aus erklärt sich aber sowohl *nū-trix* als

---

*) Nicht anders steht es um das sonderbare, etymologisch undeutbare Zeitwort *peculor*, *peculāri*, welches Florus 3. 17 gebildet hat, rückgebildet, wie ganz deutlich ersichtlich ist, zu *peculātus*, *peculātor*. Aber diese Wörter sind bedeutend älter als die Neubildung des Florus und haben mit dem neuen Worte gar nichts zu thun. Denn

PECULATOR ist ebenso eine einfache Juxtaposition wie *legis-lātor*, *pignoris-capio*, in der nach alter Weise das auslautende *s* wie in *di'luo*, *au'dio*, *iu'der* unterdrückt ist: *pecu' lātor (pecu [niae ab] lator)* „Geldverschlepper", also Veruntreuer und dementsprechend *pecu' lātus* die „Geldverschleppung": Unterschleif. Dazu ist erst *peculor* subjective späte Rückbildung. Bei der gemeinen Anlehnung der Wörter an *peculium* ist begrifflich die Thätigkeit des Entwendens nicht ausgedrückt und formell die Ableitung unmöglich. Was aber PECULIUM selbst betrifft, so hat es seine Geschichte mit *edulium* gemein. Die Adjective *edūlis*, *peculis* hatten im Plural *edūlia*, *pecūlia*, wozu (vgl. *Saturnalia*, *ōrum*!) *edulium peculium* die rückgebildeten neuen Singular sind. Ganz so wird aus dem isolierten *suauia* von *suaue* durch Rückschluss *suauium*. Bemerken muss ich dabei noch, dass in *pecu-lator pecu-latus* das Wort *pecu* selbst ebenso *Geld* bedeutet, wie ags. *feoh*, got. *faihu* beide Bedeutungen zeigt. Sollte demnach

PECUNIA nicht ein zusammengesetztes Wort sein aus *pecu* und *ūnia* von *ūnus*: *pecu adunatum* gewissermaßen „Gesammtvieh", Geldvereinigung: Geldsumme? Die Bedeutung von Geldstück hat das Wort ja erst ganz spät bekommen.

nō-trīx in der überzeugendsten Weise. Die *nutrix* also ist die „Erzieherin", ein nobler Name, dessen Anwendung auf die Amme jene Entwertung zeigt, die auch heute noch so allgemein ist, da so manche Eltern ihr Erziehungswerk mit der Fütterung der Kinder beendet glauben. Umgekehrt ist *alere* thatsächlich. veredelt worden zur Bedeutung des Erziehens Cic. Arch. 16. u. a. Ich brauche wohl nichts mehr beizufügen und wende mich weiter zu dem Worte PARRICIDIUM. Die modernen Juristen (Puchta, Curs. d. Inst. ³ 141) definieren den Begriff als „Bruch der heiligen Ordnung". Ich streite nicht mit ihnen; aber die Etymologie bleibt dunkel. Dass es mit *patricidium* (Cic. pro dom. 26, Prud. hamart. 564) nicht zusammenfällt, hat man längst gesehen, *parens* (Isidor V. 26) oder *par* der Neuern sind prosodisch unhaltbare Lückenbüßer. Der Sprachgebrauch Ciceros Phil. IV 5 *parricida* patriae Phil. III 18 patris *et* patrui *parricidium*(l) Cat. I. 29 *parricida* ciuium und Livius III 50 *parricida* liberûm Sull. 6. patriae, Liv. 40. 24 fratris 8. 11 filii *parricidium* u. a. beweisen, dass jede Etymologie falsch ist, welche nach Analogie von *matri-cidium* im Bestimmungsworte das Object des Mordes sucht. Der Begriff kann nicht objectiv gedacht gewesen sein, da sonst der objective Genetiv ein Unding wäre. Juristische Begriffe erkläre man aus juristischer Sprache. Seitdem die lex Aebutia die actiones abschaffte und das Formularverfahren per concepta uerba einführte, beherrscht den ganzen Rechtsgang die Formel *si* paret ... *condemna, si* non paret ... *absolue* in mannigfaltigen Variationen (Petron. 137 *iurisconsultus „paret, non paret" habeto*). Die Formulae aber schrieben parret nach der deutlichen Überlieferung des Festus s. u. parret, *quod est in formulis* e. q. s. Dasselbe Schwanken in *pari — parri — cidium*. Wenn man die Bedeutung dieses Wortes — der volle Beweis, das Aufscheinen — betrachtet und erwägt, dass Wort und Wortgebrauch erheblich älter sein müssen als ihre Verwendung im Formularprocess, da der Rechtskundige conservativ ist und nicht Neubildungen wagt, wie ein Dichter, so wird man geneigt sein, mit mir in dem Worte *parri-cidium* den Wortstamm von *parrēre* oder besser von dem Adjectivum **parrus, *parra, *parrum* (vgl. parra [auis] der Weissagevogel) „offen", „offenbar" zu suchen. Dann ist parri-*cīdium* offener Mord, juristisch erwiesener Mord im Gegensatz zur *manifesta caedes*, die nicht juristisch, sondern durch Ergreifen auf frischer That bewiesen ist. Die alten deutschen Rechtsbücher haben ja auch die drei Beweiskategorien: „handhafte That, gichtiger Mund, blinkender Schein". Das letzte berührt sich mit *parricidium*.

OMEN, OMINARI. Die übereinstimmende Überlieferung des Alterthums (Cic. diu. I 45, Varro l. l. VI 76, Verrius Flaccus bei Paulus: omen *uelut orimen, quod fit* ore, Nonius 430: mente recta velint et bona oribus proferant also os, mens) sieht in *ōmen* eine Ableitung von *ōs*. Lautlich unmöglich, gram-

matisch unmöglich, da mit *men* Verbalia gebildet werden. Aber
soviel beweist die Harmonie der Alten, dass sie in dem Worte
ein „Sprechen", „Ansagen" ausgedrückt fühlten. Der alten
Thorheit, es an ὄζω anzuschließen, sei nur im Vorübergehen
gedacht; grenzenlos ungeschickt war G ö t z e s Versuch (Curt.
Stud. I 165), gegen das Zeugnis der Alten an *aus, auris, audio*
anzuknüpfen, ohne formell mit dem Worte fertig zu werden.
G ö t z e kam zu seiner Auffassung durch die Rücksicht auf die
von V a r r o doppelt überlieferte Form *ōsmen* * (VI 76, VII 97).
Die Existenz derselben ist nicht anzuzweifeln; damit aber fällt
die von L. H a v e t (Mém. soc. lingu. IV 233) vorgebrachte
Deutung von *augere;* denn neben einem **augmen* bleibt das
varronische *osmen* undeutbar.

Die methodische Forderung ist also, den Lautbestand
osmen, omen mit dem überlieferten Begriffe des *Sprechens* zu
verbinden. Zwar betont B r é a l die (spätere) Allgemeinheit des
Begriffes (toute espèce de présage); allein an dem richtigen
Sprachgefühl V a r r o s, C i c e r o s und V e r r i u s' dürfen wir
doch nicht zweifeln. Verkehrt war einfach der Ausgangspunkt.
Solange man von *omen* ausgeht, wird das Wort unerklärlich
bleiben. Man muss das Verbum untersuchen. Und da ergibt
sich deutlich, dass *os-minari* oder *ō-minari* statt *obs-minari* oder
om-minari („androhen" und dann „ankündigen") stehen. Die
active Nebenform *ominare* P o m p o n. 36 deckt sich mit *minare*
Prisc. VIII 29. V a l e r i u s Fl. V 342 gebraucht *minis* genau
im Sinne von *ominibus;* m u l t a *et* p u l c h r a *minantem* bei
H o r a z ep. I 8, 3 steht ebenso, wie b o n a oder b e n e *ominari.*
In dem Substantivum *omen* aber kann ich lediglich eine Rückbildung aus dem Verbum erkennen nach der einfachen Gleichung:

nominari: n o m e n = *ominari*: x.

SUGILLARE. Archiv IV 230 hat F u n c k dies Wort
sorgfältigst behandelt. Etymologisch bleibt er beim non liquet.
Wir wollen weiter nachsehen. Zunächst ist P l a c i d u s 80. 22
hauptsächlichste Begriffsquelle: *sugillare est gulam constringere;*
die Glossen sagen *suffocare,* kurz *sugillare* heißt zunächst
drosseln, occasionell *erdrosseln.* An verwandte Begriffe ist
also anzuknüpfen.

Ich vermuthe in dem Worte die Zugehörigkeit zu *iugulum,*
iugulare. Offenbar hatte das Volk (die Komödie wahrscheinlich)
neben *iugulare* ein barbarisch rohes **iugillare* gebildet wie wir
höhnisch sagen: „Komm, lass dich ein bischen abmurksen."
Gerade in der Deminutivbildung liegt etwas unendlich Höhnendes
und Verletzendes, zu gleicher Zeit aber sieht man, wie das
Wort zur Bedeutung *quetschen* kommen konnte, nicht eine völlige *iugulatio,* sondern dieselbe Thätigkeit in kleinerem Maß-
stabe ist das *sugillare.* Auf ethisches Gebiet übertragen wird
es rügen und tadeln. H i e r o n. comm. M a t t h. IX 13 *sugillat*
Pharisaeos steht neben Terenz ad. V 8, 35 *suo sibi hunc gladio*

---

*) V a r r o l. l. VI 76 ist zu emendieren .... o m e n, *quod ex* o r e *elu-*
tum primum est o s m e n *dictum.* Hss. ohne Sinn *primum elatum.*

iugulo oder Cic. ad. Attic. I 16. 2 *plumbeo gladio iugulari*. Decken sich somit die Begriffe, so wird auch lautlich kaum ein Zweifel entstehen.

Vollform wäre **sub-iugillare* „heimlich, unter vier Augen abkehlen". Daraus scheint *sūgillo* als Resultat vulgärer Contraction hervorgegangen zu sein, wie aus c o n i u n c t i (durch **coiuncti, *councti*) c u n c t i, wie bei demselben Stamme *quadriiugus quadrīgae, biiugus bīgae* nebeneinander stehen.

Über die spätlateinische Confundierung mit *suggello (a suggerendo)* siehe F u n c k S. 234.

PALUDA. Ich vermisse dieses Wort im G e o r g e s [7]. Über seine Existenz kann kein Zweifel aufkommen; es ergibt sich in appellativer Bdtg. durch Rückschluss aus *paludamentum* und sicherer noch aus *paluda-tus* neben *toga-tus, tunica-tus, braca-tus* u. a. Ganz so nun wie S a l l u s t bei Isid. or. XIX 24 *togam paludamento mutauit* sagt und metonymisch Krieg und Frieden ausdrückt, so hatte schon E n n i u s bei V a r r o l. l. VII 37 den Kriegsmantel personificiert zur: *Paluda uirago* „Jungfer Brünne". Alle Untersuchung hat daher von *paluda* auszugehen. Der offene Anklang an *palūs, ūdis* lässt keine Deutung zu, er beruht meines Erachtens auf volksetymologischer Anlehnung. Das Alterthum kannte sich selbst nicht aus; V a r r o a. a. O. dachte an *palam*, erkünstelt und lautlich nicht entsprechend, so dass I s i d o r a. a. O. V a r r o s Etymologie nur mit großer Reserve *(ut quibusdam uidetur)* vorträgt. Die Neueren schrieben kühn *palla, pallium* dazu, aber sie können die Form nicht erklären, ja sie scheinen nicht einmal zu ahnen, dass *palla* und *pallium* griechisch sein müssen (das Etymon ist unbekannt), da der Geschlechtswechsel zwischen dem Stammwort und dem Deminutiv (vgl. o. S. IX) den griechischen Ursprung zweifellos darthut, wenn man schon davon absieht, dass *palliatus* geradezu griechisch bedeutet (vgl. S. VI), denn **πάλλη* steht zu **πάλλιον* wie *spinturnix* (δρνιξ) zu *spinturnicium* (ὀρνίχιον) wie *struppus* zu *strophium* u. a. m. Ich halte also *paluda* für ein griechisches L e h n wort.

Διπλοίς ist häufig als F r e m d wort. Die Vulgata hat es spät, I s i d o r XIX. 24 nennt sie ausdrücklich Kriegskleid: diplois . . . . est uestis militaris; für ältere Zeit belegt N o u i u s 72 R. Daneben steht griechisch ἁπλοίς schon Il. Ω 230 ἁπλοΐδες γλαῖναι, substantiviert (vgl. P o l l u x s. u.): ἔσκεπε τὴν κούρην ἁπλοίς ἑκτᾶδίη bei Agathias anth. V 294, 4. Ich vermuthe nun, dass genau so wie aus ἡμικρανία durch falsche Artikeltrennung (ἡ μικρανία) frz. *migraine*, wie aus *Alexander* (al-Ixender) türk. I s k e n d e r wurde *), aus ἁπλοίς durch ἁ πλοίς ein **πλοίς* ins Latein drang, welches im isolierten Accusativ **πλοίδα* zu **ploeda*, **plūda* werden musste (vgl. *crepida, magida, ortyga, spelunca,*

---

*) So stehen bekanntlich nebeneinander EL-EPHAS mit dem semitischen Artikel verwachsen (Fremdwort) und EBUR ohne Artikel (Lehnwort), vgl. hebr. *sen-habh* (Elefanten-zahn), das sich mit ssc. *ibha* berührt.

parōtida, Ancona, Ortona*) etc.). Dies *plūda aber wird volksetymologisch zu *paluda* vgl. *paludes*. Die Identität der *Sache*
liegt auf der Hand.

In seinem Aufsatze über die frequentatiua (Arch. IV 201)
sagt W ö l f f l i n: „Was sollen wir von *funditare* sagen, dem
Kameraden von *tudito?*" Sind diese Wörter wirklich vom Prä-
sensstamme gebildet? Ich antworte:
TUDITARE, welches an drei Stellen (Ennius 138 V.,
Lucrez II 1142, III 394) belegt ist, gehört überhaupt nicht
unter die frequentatiua. Wie man seinerzeit (Z. f. vgl. Spr.
1883) *equitare* und *praecipitare* — gedankenlos genug — unter
diese Verba zählte, so ist auch *tuditare* ganz einfach falsch
mitgezählt. Das Wort ist nämlich lediglich denominativ von
tudes, tuditis „der Hammer" wie *equitare* von *eques, militare* von
miles. Dafür erlaube ich mir folgende Bemerkungen: Die zer-
rüttete Enniusstelle sagt nichts; aber die Worte des V e r r i u s
F l a c c u s beweisen, dass dieser das Wort nicht als frequentativ fühlte. Denn, wie W ö l f f l i n ganz richtig bemerkt (p. 211),
hat „F e s t u s die frequ. r e g e l m ä ß i g mit *saepe* erklärt",
aber gerade an dieser Stelle sagt er *tuditantes: tundentes* ohne
saepe. Auch an den Lucrezstellen hat das Wort die frequen-
tative Bedeutung nicht — man erwäge, dass alles Hämmern
ja an und für sich frequentativ ist. Grundbedeutung ist
„hämmern", „schlägeln" **), bei Ennius metaphorisch vielleicht:
haec inter se[se] totum [tempus] tuditantes = sie haben den ganzen
Tag damit „herumgebastelt", sit uenia uerbo! Was
FUNDITARE angeht, so ist ein Blick in die Literatur —
nicht ins Lexikon — genügend, zu zeigen, dass dies mit *fundere*
gar nichts zu thun hat. Im Poen. II 36 schildert P l a u t u s
die *pugna* p t e n o r n i t h i c a (fehlt in den Wörterbüchern), in
der es so zugeht:

. . . . *uiscum legioni dedi*
f u n d a s *que* . . . .

---

*) Hierher gehört wahrscheinlich auch HYBRIDA aus gr. ὕβρις („Kauz"
Aristot. h. a. IX. 12) zurechtgemacht. Es mag also zuerst den unnatürlichen
Vogel und dann metaphorisch (wie unser „sonderbarer Kauz") alles absonder-
liche, unnatürliche, zwitterhafte Wesen bezeichnet haben.

**) Ich erinnere mich dabei des Wortes MALLEUS. Was ich darüber
denke, finde ich nirgends; darum sei hingewiesen darauf, dass *malleus* nichts
ist, als die Vulgärform für *manuleus.* Vgl. dtsch. „*Hantel*" oder noch besser
„*Fäustel*". Lautlich kommt *malluuium, malleuare, Mallius* zur Vergleichung.
Das Geschlecht bedingt sich durch *lapis,* insofern der Urhammer überall Stein-
hammer oder Hammerstein ist. Damit tritt ALAPA in Analogie. Auf arischem
Gebiete ist mit dem Worte nichts anzufangen. Griechisch entspricht κόλαφος und
κολαπτήρ („Schlägel"). Alles ist semitisch! Ps. 73. 6 *in securi et ascia deiece-*
runt eum hat der Urtext *khelaphót,* plur. v. *khelaph* (Hammer). Das ist die Mutter
der ganzen Sippe. Lateinisch aber ist durch **chalaph, *halaph alapa* geworden,
dessen ältester Vertreter der durchaus mit jüdischen Elementen versetzte Juvenal ist. Die Vulgata beweist, dass κόλαφος und *alapa* absolut gleichwertig
sind (siehe die Concordanzen). Auch hier also sind „Faust" und „Hammer"
begrifflich verbunden, klärlich deshalb, weil der Naturhammer die Faust ist.
Lautlich sei auf die Gleichung *malus* = μαλάγη verwiesen, die sich kaum anders
als durch *maluha (vgl. *Hecuba*) *malūa* vermittelt.

in **fundas** *uisci indebant grandiclos globos,*
eo illos uolantes iussi **funditarier.**
Man muss sehr unaufmerksam sein, um den Zusammenhang mit *funda,* **fundare, funditor* (gloss. Bern. *fundator:* σφεν
δονήτης) zu verkennen; aber unsere Lexica sind es alle. Wie
ferner **Aristid.** Quint. II 89 sagt ἡ γλῶττα οἱονεὶ σφενδονᾷ
τὸ πνεῦμα, so sagte **Plautus** im Amph. (coll. Poen. I 2, 61;
asin. V 2, 52): *uerba* **funditas:** Du schleuderst Worte, wirfst
mit Worten herum. Ja noch Ammian, XXIV 4 (16) G. hat das
Wort völlig richtig gebraucht: **ballistae** .... *spicula* **funditantes.** Was ist das Wort hier anders, als Frequentativ
zu **fundare.* So steht *imperitare* neben *imperator,* wie *funditare*
neben *funditor.*
    Als frequentativum zu *fundere* steht das Wort zuerst
bei — **Ammianus!** Man vgl. XXVIII 1, 8. Er folgte hierin
dem Zuge der Sprache, beide Wörter, das Erbwort *fundere*
und das Lehnwort **(s)fundare* zu vermischen. So ist z. B. *fundibulum* in der Vulg. (Macc. I 6, 51) die *Schleuder,* während
es in den Glossen als *Trichter* erklärt wird. Und diesem Zuge
folgte **Isidor,** als er XVIII. 10 volksetymologisch erklärte:
funda, *quod ex ea* **fundantur** *lapides, id est* **emittantur.**
Aber sein erklärender Zusatz ist nicht bedeutungslos! Er schien
ihm deshalb nöthig, weil er mit richtiger Sachkenntnis merkte,
dass die Bedeutung des *emittere* ursprünglich gar nicht in
fundere liegt; denn:
    Genau so wie *(s)funditare* die Function eines nicht vorhandenen *fusare übernahm *), hat der Anklang von *fundere*
das an sich zu erhoffende *(s)fundare* umgebracht. Aber alle
Stellen, in denen *fundere* die Bedeutung „schleudern" hat, sind
deutliche Documente für diesen Syncretismus. Die Scheidung
im einzelnen wird sich allerdings kaum mehr vornehmen lassen;
aber in *tela fundere,* in *conuicia fundere* sind nach den obigen
Analogien sicher ebenso Anklänge von *funda* erhalten, wie in
opes fundere „verschleudern" oder *uerba fundere* Ter. adelph.
769. So wachsen *aio* **agere** und *ago* **agere,** so auch *sequor*
und *sequo (inseque* Livius) zusammen. Die Untersuchung ins
Einzelne zu führen wäre eine dankbare Aufgabe für eine Dissertation. Vielleicht findet sich jemand! Wir gehen weiter.**)

---

*) FUTARE ist kein Frequentativ zu *fundere,* sondern steht statt *foetare*
und ist causativum zu *foetēre:* stinkend machen, widerwärtig machen, daher
con-re-futare. Ein *homo futilis* ist ein „Stinker". Denke an die bekannte Fabel
des Phaedrus!
    **) Da das Thema der Frequentatiua hier berührt wird, so sei es erlaubt
das Wort ACCEPTITARE zu besprechen. So klar es an sich ist, so unsicher
ist seine Stellung in der Literatur. Wem gehört es? Man liest bei Nonius 134
Plautus cornicularia: latrocinatus annos x merce dem in tiberio qui apud
regem in latrocinio fuisti, stipendium acceptitasti. Georges⁷ gibt es (nach
Mercier?) dem **Plautus,** was längst als unrichtig erkannt ist. Quicherat
nimmt eine Lücke an, welche L. Müller nach einem Citat bei Gellius *(Cato*
in Tiberium *exulem)* geistreich mit Catos Namen füllt; Bentinus u. a.
halten die Worte *qui-acceptitasti* für nonianische Paraphrase des Plautusverses.
Auszugehen ist von Varro VII 52, wo der Vers vollerhalten ist:
        qui regi latrócinatus † decem annos *Demetrio.*

Noch B r é a l stellt, wie alle seine Vorgänger seit V a r r o
(l. l. VI. 80) das Wort *uiolare* zu *uis*, und zwar hauptsächlich
in Rücksicht auf *uiolentus*. Ich leugne die Richtigkeit dieser
Zusammenstellung. Ausgeben muss ich zum Erweise meiner
Anschauung von
VINOLENTUS. Trunkenheit ist Völlerei, Übermaß im
edlen Wein. Um nun auszudrücken, dass einer des Weines voll
sei, um den Namen des Übervollen, des Weinschwelgs zu
bilden, dazu — risum teneatis — hat die Sprache ein *Deminu-*
tivum gebraucht! Wie wird mir da? Stellt das nicht alle meine
Begriffe von Deminutiven auf den Kopf? Und weiter: Wo sind
die Belege für diese Deminutiva?? Ich kann mir mit Noth
fraudula, somnulus denken; bei *uis* hapert es schon aus formellen Gründen; bei *puluis, sordes, corpus* zeigt sich ganz
deutlich die absolute Unmöglichkeit, denn ein Deminutiv
*puluerolus, *sordula, *corpulum gibt es nie, hat es nie ge-
geben. Ebenso steht es bei *pisculentus*; zu dem man zwar
aus Charis. 94. 4 ein *pisculus* belegen will, ohne literarische Belege jedoch, da überall *pisciculus* steht. Und ferner:
Wenn ich *olentia, bene olentia, suaue olentia*, die trotz der
Schreibung mit Hiatus *benolentia, suauolentia* lauten (Verg.
buc. II 48, geo. IV 27, Catull 61. 7, Priap. 85. 13), wenn ich
diese mit der *rosulentia* (adjectivisch bei Prudent. perist. III.
199 rosenduftig) vergleiche, so muss man schon beide Augen
verschlossen haben, um nicht auch die *uinolentia* hierher zu stellen.
Um eine gewisse Weinseligkeit der Poesie, eine Art
antiken Scheffelthums zu bezeichnen, sagt H o r a z ep. I 19. 5
u i n a *fere dulces* o l u e r u n t *mane Camenae.*
Was ist das anders als die *uinolentia?* Der Dusel des
gemeinen Mannes findet seinen trefflichsten Ausdruck auch
heute noch in dem Satze: „*Der Kerl stinkt nach Schnaps.*" So
sagen wir, aber dass der Quirite auch so gesagt haben sollte,
das ist uns zimpferlichen Leuten nicht recht. Es ist aber doch
so. Wer nicht glauben will, der sehe einmal in seinen Cicero
(post redit. 16, Phil. XIII. 7, Verr. III 31) und vor allem inter-
pretiere er die Capitalstelle in Pis. 13: *meministine, caenum,*....
te nescioquo e gurgustio (Kneipe) *prodire* ..... *et cum isto* o r e

---

Den metrischen Fehler konnte R i t s c h l parerg. 170 nicht heilen, noch
weniger S p e n g e l. Lies:
qui *regi latrócinatus* decimano 's *Demetrio.*
Der Fehler ist in scriptura continua unvermeidlich, daher sehr alt; schon
N o n i u s las *decem annos*, wie die Überlieferung *annos x* darthut. Aber auf ihn
ist kein Gewicht zu legen, V a r r o s' Autorität ist ihm weit voraus. Wie weit
hat aber N o n i u s den Vers citiert? B e n t i n u s war im Recht (Mercier⁷) den
ganzen Vers zu restituieren. Denn in den Lauten *dem in tiberio* liegt nichts
als ein (vgl. russ. *Dimitri*) verlesenes *dem itrio* (dem i trio). Hat man dies erkannt, dann gehört das schlechte Wort dem N o n i u s, dem späten Afrikaner,
zu dessen Latinität es besser stimmt (W ö l f f l i n Arch. IV 221), als zu der des
Cato oder Plautus:
⟨qui regi⟩ *latrocinatus annos x demitrio:*
qui *apud regem in latrocinio fuisti, stipendium acceptitasti.*
Die Paraphrase zeigt sich an durch die völlige Übereinstimmung der Sache

foetido *taeterrimam* popinam *nobis* inhalasses, *excusatione te uti ualetudinis, quod diceres* uinolentis *te quibusdam* medicaminibus *solere curari* etc. Das heißt denn doch deutlich genug, du entschuldigst deinen Weingeruch damit, dass deine Medicinen nach Wein riechen. Eine andere Auffassung ist absolut ausgeschlossen. So auch z. B. ad fam. XII 25: *uinolentum furorem in me euomis:* „Deine weinduftige Wuth." Ist das so neu? O nein! Schon Gellius XI. 15 sagt: *requiri* solet *in uinolento et lutulento et turbulento uacuane et inanis sit istaec productio....,* an extrema illa particula habeat aliquid suae propriae significationis. Es muss also Grammatiker gegeben haben, die die Wörter so wie ich auffassten, die an *olere* als Stamm dachten. Ich schließe dies z. B. aus Isidor XVII. 9: uiola *propter* uim odoris *nomen accepit:* also *ui-ola* = stark-riechend. So verfehlt dies ist, so ist es für unsere Auffassung doch eine starke Stütze, der gute Isidor hat sichs ja nicht aus den Fingern gesogen, sondern wird aller Wahrscheinlichkeit nach auch hier einem Alten nachgegangen sein. Ich erkläre also die Bildungen durch einfache Juxtaposition. Die Verbindung *uinum olere* (τὸ χεῖλος ὤζεν οἴνου Anacr.) trat unter einen Hochton, gesprochen: *uinolēre,* wozu dann *uinolentia* die Abstractform ist („Trunkenboldigkeit" wie Vischer sagt), nicht kühner und freier als ἡδυοσμία neben ἡδὺ ὄζειν.

Erst von dem Abstractum aus sind die Adjectivformen durch Rückbildung entstanden: *uinolentus;* darnach *potulentus, temulentus.* Wie sehr die Bedeutung des „Stinkens" noch fühlbar war, zeigt z. B. *pisculenta loca* (Plaut. rud. 907) „wo es fischelt" *ancunulentae*) (mulieres menstruae a cunno olenti)* bei Paulus-Festi, *lutulentus, faeculentus* und nicht zuletzt *lotiolentus,* welches Ribbeck (Titin. 137) gegen die Hss. zu dem ganz unsinnigen *lotilentus* seiner eigenen Factur verstümmelte: *lotiolentus est, qui lotium olet.* Dabei wird es bleiben.

---

*) Dies Wort ist auch deshalb interessant, weil es wahrscheinlich zu den Resten gehört, welche die PRAEPOSITION ἀνά IM LATEIN hinterlassen hat. Denn wie alle anderen Präpositionen hat auch diese antevocalisch den Auslaut verloren und sich zu *an* gebildet (vgl. περί-per, παρά-por, ἀπό-ab u. s. w.). Dieses *an* liegt vor in *an-hēlare* (aufathmen) *an-axo* (nennen vgl. *axamenta*) *ur-rectus* (ἀνά-τασις, ἀν-ορθοῦν) *an-caesa* (ἀνάγλυφα, Gefäße mit erhabener Arbeit) *a-struo* als aufbaun (Ggstz. destruo), vielleicht in *Angerona*, sicher in *an-quiro* „auf-suchen" *an-temnae* (= τὰ ἀνατεταμένα), *an-testari* „zum Zeugen aufrufen", *a-scendere* (Ggstz. descendere) *as-surgere* (ἐξανίστασθαι). Minder sicher scheinen *an-truo* und *ampendix.* Dagegen liegt in AMBULARE ἀνά in aller Gewissheit. Freilich nicht in dem Sinne, wie in den eben genannten Wörtern, da *ambulare* Lehnwort aus dem Griechischen ist. Das gr. ἀναβολή Aufstieg, Marsch (vgl. αἱ εἰς τὸ ὄρος ἀναβολαί Polyb. V. 54. 7 ἀναβίσθη πρὸς τὰς Ἄλπεις ibid. III. 50, sowie den häufigen Ausdruck τὴν ἀναβολὴν ποιεῖσθαι „hinaufsteigen") ist der Ausgangspunkt. Ἀμβολή = ἀναβολή steht durch Pindar Pyth. 1. 4 fest. Davon ist *ambolare* (Itala) oder *ambulare* einfache Denominativbildung. Daraus ergibt sich, dass die älteste Anwendungsweise im Lateinischen die militärische (Cic. ad Att. 8, 14. 1, de fin. II. 112, Cael. ad fam. VIII. 15. 1 u. a.) gewesen sein muss.

Der Übergang auf ethisches Gebiet ist im Griechischen
vorgebildet:

ἤδη γὰρ ὄζειν ταδὶ πλειόνων καὶ μειζόνων
πραγμάτων μοι δοκεῖ
καὶ μάλιστ᾽ ὀσφραίνομαι τῆς Ἱππίου τυραννίδος

(Arist. Lys. 615 coll. 663, 687). Wenn also Plut. symp. VI 7. 2
ὄζειν μοχθηρίας sagen durfte, so schrieb Cicero Q. Rosc. 30
malitiam olere und *scelus anhelare*. Schade, dass niemand *mali-
tiolentus* gebildet hat, aber *fraudolentus* haben wir hundertfach
(dtsch.: „Betrug wittern“).

In den bisher vorgebrachten Fällen der Zusammenrückung
erklärt sich die Lautgestalt durch Elision der Accusativendung
wie in *animaduerto, uēneo*; für *uirulentus* liegt ersichtlich eine
Accusativform *uirum* vgl. *uulgum* zugrunde, *iurulentus* und *puru-
lentus* zeigen (wie vielleicht auch *uinolentus*) das Bestimmungs-
wort im Plural. Dies beweist die bei Apuleius belegte Form
ius-ulentus (apol. 39), die L. Traube Archiv VI. 253 vor-
schnell und ohne Einsicht in die Bildung einfach beseitigen
wollte. Mit Unrecht; *iura olere* gibt *iurulentus, ius olere: iusu-
lentus; iussulentus* ist eben nur orthographische Variante wie
parret neben *paret, Larisa* neben *Larissa*.

Wie verfuhr nun die Sprache bei einsilbigen Wörtern
mit elisionsfähigem Auslaut? Die Analogie in der Vers-
behandlung, wo solche Wörter im Hiatus bleiben (*quid seruas,
quŏ eam, quid agam* Lucilius), Fälle wie co-*aceruo,* co-*eo,*
circu-*eo* zeigen den richtigen Weg. Die Verbindung *uim olere*
(ὀσφραίνομαι τυραννίδος) gesprochen ui-*olere* gab *uiolentia, uiolentus*.

Diesen Bildungen stehen jedoch die participialisch gestal-
teten *opulens, pestilens, uiolens, uiolenter, temulenter* u. a. an
Alter und Beweiskraft weit voran. Sie treten in eine Linie
mit *grauolens, suauolens*.

Die Idee des Riechens nach einem Gegenstande (*lotiolentus*) erweckt die Vorstellung der Fülle, des Angefülltseins
mit dem Ding (*uinolentus*: „ich bin, ich bin des Weines voll“
Lessing) und dieser Begriff der Fülle ist es, der in *somno-
lentus* („tramhappet“), *opulentus, turbulentus, spinulentus*, ja
sogar *pompulentus* (Mai cl. auct. V. 565) u. a. zutage tritt.*)

Dies musste erörtert werden, damit die Bahn frei werde für
VIOLARE. Das stelle ich als These auf: *uiolare* kommt nicht
von *uis*, sondern von *uiola* und bedeutet ursprünglich röthen.

---

*) Völlig zu trennen von diesen Adjectiven ist: GRACILENTUS, ein
Compositum statt *graci[li]-lentus; gladii filo gracilento* bei Ennius heißt:
„mit schmaler, elastischer Schneide“. Gelegentlich sei bemerkt, dass GRACILIS
Lehnwort ist. Ennius hat in seinem *cracēre* noch den richtigen Anlaut. Gr.
χάραξ ist ersichtlich das Etymon, *cracere* steht statt *c[a]racēre* (vgl. spätl.
cracter = χαρακτήρ) und bedeutet „dünn sein, wie ein Zaunstecken“, *gracilis*
(eigtl. *χαραχ-ilis*), gebildet wie *parilis, humilis, pensilis* oder noch besser, wie
die gleichfalls hibriden Wörter im Epid. 233 G. κυματ-*ilis* und πλυματ-*ilis*
(Wien. Stud. VI 213) heißt also „zaundürr“, „steckenhaft“. Daher *gracillima
crura* wienerisch „Spazierhölzeln“. Der *equus gracilentus* bei Gellius ist also
zaundürr (*grac.*) und ohne Feuer (*lentus*). Auch MACILENTUS ist Composition: *os macilentum* heißt: abgemagert und schlapp.

Wenn Servius (zur Aen. XII 67) kein Querkopf wäre, so hätte man dies lang heraus. Wie nämlich ἰοβαφῆ καὶ πορφυρᾶ ἱμάτια (Democr. ap. Athen-XII 525 e) sich mit *uiolatia* (*a uiolae colore* Non. 549. 28) deckt, wie der griech. ἰοβάπτης beim Plaut. (aul. 505) *uiolarius* heißt, wie ferner Horaz c. III 10. 14 *tinctus* uiola *pallor* (coll. Plin. n. h. 37. 40; 34. 32) für Röthe gebraucht, so auch Vergil:

> *Indum sanguineo ueluti* uiolauerit *ostro*
> *siquis ebur.*

Seine Gelehrsamkeit täuschte hier den Servius. Aus der Homerstelle ist *uiolare* nicht genommen; erst Statius (Ach. I 308) hat den Begriff des Röthens entfernt und sich buchstäblich an Homer geschlossen: *ebur corrumpitur ostro.*
Noch Claudian — ein Spätling allerdings, aber ein guter — schreibt d. r. Pr. I 190:

> *heu quotiens praesaga mali* uiolauit *oborto*
> *rore* genas —

(man sieht förmlich die Thränen über die „hochgerötheten" Wangen fließen) und an einer anderen Stelle in Rufin. I 63 coll. Lucan. IX 462:

> *quantumque licet consurgere fumo*
> *et* uiolare *diem, tantum tenet aëra puluis.*

Er meint dasselbe wie Ovid, wenn dieser sagt *uolumina fumi* infecere *diem,* und dass er es so meint, beweist in Ruf. I 129: *dea serenos* infecit *radios Phoebi.* Forcellini übersetzte völlig richtig *infoscare,* wir werden *verdunkeln* sagen, wie ja auch gr. die Ableitungen von ἴον lediglich für dunkel gehn. Pind. frg. 297 B. ἰοβλέφαρος 'Αφροδίτη meint „schwarz" Hesych. unter ἰοδνεφής sagt: μέλαν, οἱ δὲ πορφυρίζον u. a.
Cloatius bei Macrob. III. 6. 2 führt auf eine andere Variation des Begriffs: *Deli ara est Apollinis* Γενέτορος, *in qua nullum animal sacrificatur, quam Pythagoran uelut* inuiolatam *adorauisse ferunt.* Man erinnere sich an μιαίνειν. Eur. Iph. Aul. 1595 sagt βωμὸν φόνῳ μιαίνειν, wie Plato legg. VI 782 βωμοὺς αἵματι μιαίνειν. Dem delischen Apoll bringt man „unblutige" Opfer, darum ist sein Altar „ungeröthet". Und so wird klar, warum Vergil *uiolare* in der Bdtg. verwunden ausnahmslos (XI. 277 *uiolaui uolnere dextram* coll. XI 591, 848, XII 797) mit beigefügtem *uolnere* versehen hat. Diese Stellen heißen richtig übersetzt: „er schlug eine rothe Wunde, eine Verchwunde" bei jeder andern Übersetzung bleibt *uiolare* völlig aus.
XI. 255 sagt Vergil:

> *quicumque Iliacos ferro* uiolauimus *agros.*

Unsere Commentare, die ausnahmslos unter dem Banne der falschen Etymologie stehen, erklären „verwüsten", „entvölkern"; thatsächlich sagt Vergil: wir rötheten das il. Land, es triefte vom Blute.*) Wenn Liv. XXV 31 *urbem uiolare* sagt,

---

*) Parallelen: Hor. c. II 1. 34 *mare* decolorauere *caedes,* Tac. hist. II 55 *locum* sanguine infecerat Cic. Sest. 80 *templum* cruentare, Tac. *castra* cruenta u. a. m.

meint er das „*Blutbad*" von Syracus und in Cäsars Ver-
sprechen: *fines eorum se uiolaturum negat* VI 32 liegt: Dann
solle kein Blut fließen in ihrem Lande.
In dieselbe Begriffssphäre gehört *uirginem uiolare* (hist.
Apoll. r. Tyr. c. 2 *profluentes cruoris riui*, Catull. 67. 23 = anth.
Pal. XII. 123, 2) τἄλλα νῦν μὲν σιωπῶ — praesertim in libello
scholastico.
Eine besondere Weiterentwicklung zeigt Stat. Theb. I 149
.... *aurum* u i o l a r e *cibis*,
wo Forcellini sehr richtig „macchiare" übersetzt, dtsch.
besudeln, beflecken: *contaminare*. Wie im griechischen der
μίανσις im concreten Sinn die μίανσις als sittliche Verunreinigung
entspricht, so vergleichen sich:

Aesch. sept. 326 μιχίνων εὐσέβειαν	Cic. parad. 3 *uiolare pietatem*
„ Aga. 1654 μιαίνων τὴν δίκην	Cic. oft. *ius uiolare*
Soph. Ant. 1031 θεοὺς μιαίνειν	Cic. Verr. IV. 71 *deum uiolauit*
Eur. Hel. 1006 κλέος μιαίνειν	Cic. har. resp. 46 *gloriam uiolare*
Plato legg. IX 868 ἱερὰ μιαίνειν	Cic. har. resp. 8 *sacra uiolare*

Diese Stellen — ich mag sie nicht häufen — hätte man
längst mit „beflecken" übersetzt, wenn die vertrackte Etymologie von *uis* nicht wäre. Dass aber Cicero thatsächlich
uiolare = „beflecken" fühlte, zeigt, dass er das Wort theils mit
attingere (Verr. a. pr. 40; I 48; IV 104, 71, 90 u. a.), theils
mit *polluere* verbindet wie har. resp. 8, 24 Verr. V 187 u. a.
Näher an der Grundbedtg. liegt *uiolare*, wenn es „prügeln"
heißt. Der Ballio im Pseudolus (229) droht:
cras Poenicium p o e n i c i o *corio inuises pergulam.*
Er wäre ganz der Mann, eine derartige *uiolatio* (Roth-
färbung) an einer Frau vorzunehmen, wie es Verres brutalen
Angedenkens oder Radetzky waren: Verr. IV 116 *matres fami-
lias uiolatas* = gestäupt(?). Sehr instructiv ist Cic. post. red. 7
uiri corpus non tactum ac u i o l a t u m *manu sed* u u l n e r a t u m
ferro! Diese Stelle steht in engstem Connex mit Cornuficius
IV 35 *iniuriae sunt, quae* . . . . p u l s a t i o n e *corpus* u i o l a n t.
Sie gelten vom Prügeln. Erst von hier drang der Begriff des
Versehrens, Verletzens in das Wort. Man bedenke, dass für
verletzen, verwunden erst Ovid m. III 712 und Silius V 601,
X 261 eintreten.
Das Ergebnis unserer Untersuchung ist: *uiolare* kommt
von *uiola* und heißt *röthen*, variiert zu den Begriffen *blutig
machen, verdunkeln, verwunden, prügeln*. Erst von hier aus wird
es zu *verletzen, versehren* und *beflecken* in sittlicher Hinsicht,
wie beispielsweise Cic. Phil. II. 86 *haec te lacerat, haec* c r u e n t a t
oratio deutlich genug zeigt.
Die eben neu befestigte Einsicht in die Bildung von
fraudulentus lässt sich zur Lösung einer Frage verwenden,
welche sowohl von P a u c k e r (Vorarb. I. 90) als S c h ö n w e r t h-
W e y m a n (Arch. V 209) verkehrt angefasst wurde. „Das Suffix
ul begegnet," sagen letztere, „in dem einmal von dem Juristen
P a u l u s an Stelle des gewöhnlichen *fraudulentus* gebrauchten

FRAUDULOSUS von *fraudula". Dies ist unrichtig. Keiner von den genannten Gelehrten kann die Stelle gelesen haben, sie kennen ersichtlich das Citat nur aus dem Lexikon. Es ist digg. 47, 2, 1 §. 3. Paulus definiert: *furtum est contrectatio rei* fraudulosa *lucri faciendi gratia*. Man misskennt den Juristen in Paulus, wenn man das Wort mit *fraudulentus* identificiert. Paulus wusste sicher, was unsere Grammatiker nicht zu wissen scheinen, dass *furtum* und *fraus* lediglich Abarten des von Ulpian digg. IV, 3, 1 definierten *dolus malus* sind, und dass zum Aufscheinen *(si pāret)* eines *furtum* der Nachweis des *dolus malus* für den Juristen nöthig ist. Daraus ergab sich ja die Frage, ob Unmündige ein *furtum* begehen können. Ulpian (aus Julian) digg. 47. 2. 23: *inpuberem furtum facere posse, si iam* doli *capax sit*. Ja die Strenge gieng soweit, dass der *dolus* allein die *actio furti* begründet: Ulpian digg. 47. 2. 65 *qui* ea mente *alienum quid contrectauit, ut lucri faceret* . . . . . *fur est;* denn (Ulp. 47. 2. 39) *non factum quaeritur, sed causa faciendi*. Ein Jurist konnte daher in der Definition des *furtum* den *dolus* nicht entbehren; er verengerte jedoch den allgemeinen Begriff durch Hinzufügung von *fraus*, wie Cicero *fraus ac dolus* verbunden hatte. Denn da nach Labeo digg. IV 3, 1 §. 2 der *dolus* jede hinterlistige Thathandlung ist, so erwies sich die Hinzufügung eines näheren Bestimmungsmomentes nothwendig. Von *frau[di]·dolosus* kam man zu *fraudulosus*, wie *cor[di]-dolium* sich vereinfachte. *Fraudulosus* gehört also seit jeher der Juristensprache an und ist nichts, als Variation von *dolosus*. Ich habe also hier scheinbare Formelemente stofflich gedeutet. Dasselbe versuche ich in

LEGUMEN. Varro l. l. VI. 66 *ab* leg*endo* leg*umina*. Ausführlicher r. r. I 23 *quae uelluntur e terra, non subsecantur, quae, quod ita* leguntur, *legumina dicta*. Richtig und doch nicht auslangend. Auch andere Früchte werden „gelesen" *(leguli qui* oleam *aut qui* uuas *legerent*, Varro a. a. O.) und doch sind sie keine *legumina*. Warum? Weil sie keine *ūmina* sind. *Umen* von *uere*, wie *flumen* von *fluere*, *nūmen* von *nuere*, *acumen* (und sein Compositum *cacumen* statt *co-acūmen*) von *acuere* gebildet, bedeutet ersichtlich Hülle, Hülse. Beweis dafür ist *alb-umen* oder *alb·umentum* (Anthim. 35 f., Veget. III 57) das Eiweiß, recte die „weiße Hülle". *Leg-umentum, alb-umentum ind-umentum* stehen unlengbar nebeneinander. Sachlich erinnere ich an die tunica *lupini* bei Juvenal oder an unsere „Erdäpfel in Montur". Ähnlich steht es um

MENSTRUUS, das nach Bréal ein Doppelsuffix tragen soll: les adiectifs *bimestris, trimestris* sont formés à l'aide du suffixe *tri* (cf. *palustris*). Par l' addition d' un nouveau suffixe *uo* (cf. *annuus*) on a eu *menstruus*. Ich bestreite die lautliche Möglichkeit nicht, obwohl das vorauszusetzende *menstris, e* sich nicht findet; aber ich mache darauf aufmerksam, dass diese Etymologie begrifflich nicht völlig ausreicht. Cic. legg. II 18 sagt: *textile operosius quam mulieris opus menstruum*. De Vit übersetzt sehr richtig: quanto può far in un mese una donna, man könnte vielleicht sagen *unius mensis* s t r u i x *textilis. Menstruae rationes* (Cic. pro Rosc. com.) zeigen den Begriff verwaschener als *menstrua cibaria* (Verr. III 72 u. 216), wenn man die *struices patinariae* des P l a u t u s danebenstellt. Ich vergleiche also *indu-strius* mit *men-struus* (Vollform **men[si]-struus*) und erkenne im zweiten Theile eine Ableitung von *struere. Menstruum* bei Liv. 44. 2 ist also die Proviantmenge, *qua miles in mensem instruitur.* Die Begriffsunterdrückung im zweiten Theile hat das Wort gemein mit *sublica (liquor), patruus (patruus* nach H a u e t) *amplus* (ἀμφι-πολύς) u. a. Ich stelle hierber CERUIX. *Tumex a tumendo, pollex a pollendo* (der starke Finger), *uertex a uertendo, podex a pedendo* zeigen den Weg, den man wandeln muss. Im ersten Bestandtheile des Wortes hat man längst *cer* = κάρα erkannt, wie in *cere-brum cer-nuo* (καρήχτι νεύω). Wurzelhafter Bestand der zweiten Silbe ist *ueho* das zu **uehex* „Träger, Beweger" führt. Die Cass. obll. **cer-uehicem, *cer-uehices* geben mit Unterdrückung des *h *cer-ueices,* monophthongisch *cer-uices.* Das *i* der Cass. obll. drang in den Nominativ, wie beispielsweise das *r* in *honor, calor, ebur, ueter, uerber* statt *honos, calos, *ebus, uetus, *uerbus;* durch Anlehnung an die Wörter auf *ix, icis* wurde das Wort Femininum. Naturgemäß schließt sich hier eine Bemerkung an über die ADVERBIA auf.... ITUS. Seitdem O s t h o f f die richtige Erklärung der Adverbia auf *iter* w i e d e r aufgedeckt hat, kann man an der gleichen Entstehung der sogenannten Adverbia auf *itus* nicht zweifeln. Was jene betrifft, so sei zu O s t h o f f s Bemerkungen im Archiv von mir nur hinzugefügt, dass diese Erklärung bereits bei P r i s c i a n steht — ein Zeichen, wie wenig man ihn liest — p. 1014 P.: o b i t e r *compositum est ab* o b *et* i t e r (ἐν παρόδῳ), so dass T i b e r i u s (vgl. C h a r i s. II. 187 P.) mit gutem Fug statt *obiter (opter* bei P l a c i d u s) p e r u i a m sagen wollte. Zweitens vermisse ich sehr die unendlich lehrreichen Hinweise auf syntaktische Verbindungen wie *largiter posse* Caes. b. g. I 18, *habere* (P l a u t.), *auferre* (H o r a z) neben *multum ualere* etc., die für die accusativische, und auf Genetivzusätze wie *largiter* a u r i (Plaut.), u i n e a r u m (P e t r o n.), *pusillum dulcedinis . . . largiter* a c e r b i t a t i s (M u n a t i u s), die mit nicht minderer Entschiedenheit die substantivische Natur der Verbindung hervortreten lassen, wie frz. beaucoup, dtsch. „ein schönes Stück". Drittens scheint mir die Ausscheidung von *praeter* und *propter* bei O s t h o f f unbegründet. Ich stütze mich auf den Sprachgebrauch, der namentlich das adverbielle *praeter* fast nur mit Verben der Bewegung verbunden zeigt. Wenn *prae* wirklich Dativ sg. fem. ist, dann kann ja doch vom Casus als solchem kein Comparativ gebildet sein, sondern wie *praetor* für *prae-itor,* steht eben *praeter* für *prae-iter.* Dann ist *praeter fluere* vorwegfließen also vorüberfl., *praeterire* vorweggehn u. s. w. Viertens fehlt die Deutung von *aliter* aus *al[id] iter* (auf anderem Wege), wofür z. B. in *prae-*

cipiter (gloss. Plac.) statt **praecip[it]-iter* eine volle Analogie
vorliegt. Doch dies sei nur angedeutet. Ich gehe zu den Ad-
verbien auf *itus*, in denen ich Juxtapositionen mit dem isolierten
nom. sing. masc. des Part. Perf. von *ire* erkenne. Man kann
penitior, penitissimus bei Plautus, Gellius, Apuleius,
und *penita, ōrum* bei Marcianus nicht trennen von *penitus*
als sogenanntem Adverb. Die Isolierung zur Adverbialform
hat hier ebenso statt wie bei *mordicus* (vgl. Bücheler, Archiv
I 105) *uersus, aduersus, rursus*. Da das Particip *itus* active Bedeutung hat *(inita aestate, tempus praeteritum)*, so heißt **pen⟨um⟩
itus:* ins Innere gegangen, tief eingegangen. Darnach beurtheile
man z. B. Nep. Alc. 9 penitus *in Thraciam se supra Propon-
tidem* abdidit „er gieng tief hinein nach Thr. und verbarg
sich". Verg. XII 263 penitus *que profundo uela* dabit, 256
ales penitus *in nubila fugit*. Diese Beispiele zeigen die ursprüngliche prädicative Construction. Catull wollte grammatisch richtig schreiben: *uritur flamma* penitē; er fand aber
keine Nachfolger, da der isolierte Nominativ die Adverbial-
function übernimmt. Noch Stellen wie *Etruscos penitus contempserat*
Cic. Mil. 74 sind vielleicht mit vollem Sprachbewusstsein geschrieben. Aber *ea* macula *penitus insedit* Cic. imp. Pomp. 7
(m i *filia!*) zeigt das Erstarren der Form im Mangel an Geschlechts-
concordanz, *introspicite penitus* pro Sulla 76 im Mangel an
Numerusübereinstimmung. Völlig Adverb ist es Cluent. 171
hunc acerbe *et* penitus *oderat*. Wenn dies alles nun richtig
ist, dann wird sich auf einfache Weise eine Frage lösen, die
bisher unbeantwortet blieb. Die „Adverbia" auf *itus* bezeichnen
nämlich bald den *terminus in quem*, bald den *terminus ex quo*,
sie sind bald accusativisch, bald ablativisch gedacht; *caelitus*
heißt „vom Himmel" und „himmelwärts" (Stellen in den Lexicis); ich erkläre dies einfach so: War das erste Glied der
Juxtaposition ablativisch gedacht *(caelo itus uenit* vom Himmel
gegangen kam er), so drückte es eben den terminus a quo aus,
dachte man es accusativisch *(caelum itus āuolat* nach dem Himmel
gehend entfliegt er), so war der terminus in quem bezeichnet,
die Formen aber fielen zusammen. *Funditus* ist stets accusativisch: „auf den Grund gehend" die Stelle Catulls 64. 93 ist
falsch aufgefasst (verbinde *concepit flammam funditus* „gründlich") ebenso wie Lucrez V 498 *limus subsedit funditus ut faex*
„gieng zu Boden und setzte sich". *Radicitus* ist gleichfalls,
soweit ich die Literatur übersehe, nur accusativisch gebraucht:
radic(em) itus „auf die Wurzel gehend". Ablativisch ist *antiquitus (antiquo itus morem seruare* Livius) auch in Fällen wie
Haeduorum antiquitus erat in fide ciuitas seit alter Zeit b. g.
VI 14 (coll. b. g. VII. 32 u. a.) oder II 4 b. g. *Belgas antiquitus
Rhenum traductos*, obwohl wir da „in alter Zeit" übersetzen.
Klärlich als Ablativ gibt sich *diuinitus; humanitus* ist viel-
deutig. In *penitus* liegt fast ausnahmslos die accusativische
Relation vor, bei Manilius aber IV 309 *penitus non* fronte

notandus zeigt der Gegensatz, dass das Wort im ersten Gliede ablativisch gedacht ist: „vom Innern ausgehend".

Ich breche ab; denn der Raum ist erschöpft. Ich schließe aber — offen gestanden — mit schwerem Herzen; denn mir bangt einigermaßen um die Aufnahme dieser Blätter. Jetzt schon, noch ehe ich das Schlusswort schreibe, warnt mich Prof. Wölfflin in freundlicher Weise: „Bei der Selbständigkeit Ihrer Ansichten vermuthe ich, dass Ihrem Programme die Kritiker nicht fehlen werden." Das heißt unumwundener gesagt: Sei auf der Hut; du marschierst nicht auf der Heerstraße, und die Sprachvergleicher werden dich tüchtig auf die Finger klopfen!

Sei dem, wie ihm wolle! Mir ist die Erkenntnis der Wahrheit einziger Zweck und Herzenssache. Irren kann ich, wie jeder und habe auf diesen Blättern vielleicht oft geirrt. Darüber sollen andere, gelehrtere entscheiden; aber, wie ihr Urtheil auch lauten mag, das redliche Streben und einige Sachkenntnis werden sie anerkennen müssen, und dieses befriedigende Bewusstsein wird mich auch einen gerechten Tadel ertragen lassen.

Wien, Aschermittwoch 1890.

J. M. Stowasser.

Übersicht.

Absedere, acceptito, alapa, albumen, aliter, ambulare, amoenus, Präposition an (= ἀνά), ancunulentae, Cacumen, caeremonia, ceruix, colaphus, contumelia, cracere, Discipulus, Ebur, elephas, Eugippius, Faetiales, fraudulentus, fraudulosus, funditare, futare, Ganeum, gracilentus, gracilis, gurgustium, Helluari, hybrida, Impropero, Adverbia auf . . . iter und . . itus, iurulentus, insulentus, Labienus, lagenaris, largiter, latex, legumen, litora, lotiolentus, Macilentus, maccus, malleus, malua, Melo, menstruus, mica, mutto, mutoniatus, Nouerca, nouicius, nutrire, Obiter, obturare, Adiectiva auf . . . olentus, oltimus, omen, ominari, Paenulārium, palla, pallium, paluda, parricidium, peculator, peculium, peculor, pecunia, perendie, praeter, prandere, prōlytae, propero, prosferari, prosper, Quocturnix, Redimire, Silotrum, sonārium, stuprum, sugillare, Thriambus, triumphus, tuditare, tunica, tussis, Vinolentus, uiolare, uiolentus, uitricus, ullageris, ustium.

Verbesserungen.

Ennius bei Non. 110. 7 . . . . S. 15

Gromat. 306. 21 . . . . „ 3

Lucil. bei Non. 158. 11 . . . . „ 10

Nonius, 134. 25 . . . . „ 23

Nonius bei Non. 148. 25 . . . . „ 7

Plautus bei Varro VII 52 . . . . „ 23

Varro l. l. VI. 76 . . . . „ 20

EINE ZWEITE REIHE

DUNKLE WÖRTER.

———

LEXIKALISCHES

VON

J. M. STOWASSER.

PRAG. **WIEN.** **LEIPZIG.**
F. TEMPSKY. **F. TEMPSKY.** G. FREYTAG.

BUCHHÄNDLER DER KAISERLICHEN AKADEMIE DER WISSENSCHAFTEN IN WIEN.

1891.

Sonder-Abdruck aus dem Jahresberichte des Franz-Joseph-Gymnasiums für 1890/91.

MACELLOTAE. Dies sonderbare Wort fehlt in den Wörterbüchern. Es steht bei **Varro** l. l. V 146 in einem Zusammenhange, der seine Existenz verbürgt; nichtsdestoweniger streichen es die Herausgeber. Es führt uns zur Betrachtung des Stammwortes *macellum*, über dessen Herkunft ganz irrige Vorstellungen im Schwange sind. Die alte thörichte Anlehnung an das deutsche „metzeln", die bei **Georges**[7] noch ein Scheinleben fristet, widerlege ich erst nicht; sie verdient es nicht. Ich hätte sie auch kaum erwähnt, wenn sie nicht die Grundlage böte für eine viel wissenschaftlichere Behandlung der Frage, die aber gleichwohl irrig ist. Niemand Geringerer als **Ascoli** hat nämlich in Kuhns Zeitschrift XVII 333 das Wort mit *mactare* in Verbindung gebracht und — obwohl selbst sehr zweifelnd — von **Vaniček** p. 683 und neuerlich von Whitley **Stokes** (On the linguistic value of the irish annals, p. 45) Zustimmung gefunden. Er folgte darin einem Fingerzeig **Donats** zu Ter. eun. II. 2. 26: *macellum a mactandis pecoribus dictum*; aber er verhehlte sich die Schwierigkeit der Begriffsentwicklung von „Opferstätte" zu „Markthalle" nicht. Denn in der gesammten alten Literatur bedeutet das Wort *macellum* niemals ein Schlachthaus, ja nicht einmal eine Fleischbank allein, sondern es ist geradezu der Markt, die Centralmarkthalle, ἀγορὰ τῶν ὄψων wie Dio LXI 18 erklärt, *ubi olerum copia*, wie **Varro** a. a. O. sagt. Wenn in der Aulularia der **Euclio** 373 brummt:

uenio ád macellum, rógito pisces, *índicant*
carós: agninam cáram, caram búbulam
uitulínam, cetum, *pórcinam: cara ómnia,*

so kann damit umsoweniger eine Fleischbank allein gemeint sein, als ja **Varro** anderswo von annonae *macelli* spricht, Juvenal VI 40 (118 R) in einem Athem wie **Plautus** und **Horaz** s. I. 3. 229, 4. 76 Tauben und Fische mit dem *macellum* nennt, **Cicero** es als „Frucht- und Mehlbörse" betrachtet: *annonam in macello cariorem fore*, ganz so wie Martial X 96, 9:

hic pretiosa fames conturbatorque macellus;
mensa ibi diuitiis ruris operta suis.

Ja **Paulus** an die Corinther noch I 10. 25 fasst den Begriff lediglich als Verkaufshalle πᾶν τὸ ἐν μχκέλλῳ πωλούμενον ἐσθίετε, beileibe jedoch nicht als ein Schlachthaus. Solche Thorheit begehen erst die Glossen carnificina: *macellum* Mai class. auct. VIII. p. 119 u. 145 und der auch sonst so oft übelberathene **Donat**. Hätte er sich die Lage der *macella* vorgestellt — das alte *macellum* nach **V a r r o** a. a. O. beim Marcellustheater am Fuße des Capitolinus, das neue am Caelius unter den Fenstern der Paläste des Palatins — so hätten ihm schon Bedenken aufsteigen müssen, denn in so bevölkerten Quartieren schlachtet man nicht, und er hätte sicher seinen **V a r r o** gründlicher und genauer angesehen, dessen Spuren er hier leider nicht folgte. Bevor ich aber an die Untersuchung der varronischen Erklärung schreite, muss ein lächerlicher Fehler in **V a r r o s** Text gebessert werden. L. L. V 147, wo **S p e n g e l** ediert: *appellatum macellum, ut quidam scribunt, quod ibi fuerit ortus, alii, quod ibi domus* fuerit, cui cognomen fuit Macellus, *quae ibi publice sit diruta, e qua aedificatum hoc quod uocatur ab eo macellum* kann ja doch das Haus kein cognomen geführt haben und zeigt das e o deutlich, dass von einem Manne die Rede ist, wie ja auch **D o n a t** a. a. O. diesen Mann aus **V a r r o** als *Romanius Macellus* kannte. Die nothwendige Correctur des Unsinns bietet **F e s t u s - P a u l u s** 125 M. *macellum dictum a Macello quodam, qui exercebat in urbe latrocinia, quo damnato censores Aemilius et Fuluius* (im Jahre 180) *statuerunt, ut in domo eius* obsonia uenderentur. Also auch Verrius **F l a c c u s** fühlte in dem Worte erstens nichts als einen „Lebensmittelmarkt", zweitens aber berechtigt uns seine Überlieferung den Unsinn bei **V a r r o** folgendermaßen · zu bessern: *appellatum macellum . . . . . . quod ibi domus* f u r i s, *cui cognomen fuit Macellus.*

Ist somit der zweite Theil der Varrostelle unwiderleglich gebessert, so bleibt **V a r r o s** Etymologie zu untersuchen. Zwei Ableitungen kannte er. Die eine knüpfte an eine Person *Macellus* an, ebenso fabulos und thöricht, wie man *Argi-letum* (Serv. z. Aen. VIII 345) als „Argustod" übersetzte, wie man *Capitolium* als *caput Toli* (L i v i u s I 55 u. a.) deutete. So hat ja auch **I s i d o r** XVIII 60 es sich ziemlich leicht gemacht: a l e a *inuenta a quodam milite nomine* A l e a u. a. m. **V a r r o** schenkte solchem Unsinn keinen Glauben, und zwar darum, weil er genau wusste, dass schon vor der „Centralmarkthalle" der Gemüsemarkt den gleichen Namen geführt hatte; § 146: *forum olitorium hoc erat* a n t i q u u m *macellum.* Und damit schlägt er auch **D o n a t s** *mactare* nieder; auf dem Gemüsemarkte, der „piazza d'erbe" wurde sicher nichts geschlachtet, und doch hieß er *macellum.* So nimmt also **V a r r o** die Anschauung jener auf, die *macellum* auf Grund eines einst dagewesenen „o r t u s" erklärten; denn so schreibt er § 146 nach dem Florentinus: *forum olitorium, hoc erat antiquum macellum, ubi olerum copia; ea loca etiamnunc Lacedaemonii uocant macellum, sed Jones ostia ortorum macellotas ortorum et castelli macelli.*

Ersichtlich hält also **V a r r o** das Wort für entlehnt. Es liegt kein ausreichender Grund vor, seine Angaben über ein spartanisches μάκελλον zu bezweifeln. Zwar liegt das Wort literarisch überliefert erst recht spät vor (P a u l u s, a. a. O., **P l u t a r c h** amator. 6. μxχελλεῖον) und selbst auf **H e s y c h i u s**

ist kein Verlass, da unbestimmt ist, wohin seine Glosse gehört:
μαχέλλα, φράγματα, δρύραχτοι. Die urkundlichen Belege jedoch
für die Richtigkeit der varronisch-hesychianischen Erklärung
suche ich zunächst auf Sicilien. Die Inschrift der columna
rostrata, deren Echtheit erst jüngsthin von Wölfflin evident
nachgewiesen wurde, hat auf Zeile 4:5: MACE ⟨lam....⟩
CEPET, wie man richtig aus Polybius I 24. 2 (vgl. Diod.
exc. p. 502, Liv. XXVI. 21) ergänzt: κατὰ τὴν ἐκ τῆς Αἰγέστης
ἀναχώρησιν Μακέλαν πόλιν κατὰ κράτος εἷλεν. Die Existenz der
Stadt verbürgen ferner die Münzen mit der Legende MAKEΛ-
ΛΙΝΕΩΝ (Mionnet I. 520), die Identität des Eigennamens mit
dem Appellativum verbürgt aber Varro selbst in den allerdings hart mitgenommenen Schlussworten. Ich vermag sie nicht
evident zu bessern und begnüge mich damit, energisch zu betonen, dass Varro auch castella unter dem Namen begriff.*)
Wenn aber auch diese macella waren, so lässt sich die an sich
wenig glaubliche Begriffsentwicklung Ascolis nun gar nicht
mehr halten. Varros Worte sind demnach so zu verstehen,
dass die Spartaner den Gemüsemarkt μάκελλον, die Jonier Garten-
thüren μακελλώτας (sc. θύρας?) nannten. Eine derartige Bildung
auf griechischem Boden ist durchaus nicht unmöglich; ich verweise auf κάρυον, neben dem ἡ καρυωτός steht Strab. XVII 80,
CIG. (Böckh) 2852; Varr. r. r. II 1. 27 las caryota, Martial gar caryotis XI 31. 10. So auch cephalōte Ser. Samm. 427,
cerōtum Martial XI 98, crstrotus Plin. XI 126 u. a. m. Ohne
also hier vorurtheilen zu wollen, glaube ich doch einer anderen
Auffassung Raum geben zu sollen. Denn wenn man weiter
nach dem Wortbestande fragt, so ergibt sich, dass aus griechischem Sprachschatze μάκελλον selbst nicht deutbar ist. Was bei
Vaniček 687 steht, „die ⟨stechende⟩ Dornhecke", das wäre
recht schön, wenn μάκελλον nur jemals so etwas geheißen hätte.
Dagegen lässt sich das Wort aus semitischem Sprachgut vor-
trefflich deuten. Auf semitischen Ursprung weist zunächst der
sicilische Stadtname, denn dort, in der Westgegend zumal, sind
die Stadtnamen vielfach semitisch, wie dies von Henna, Mazara,
Gela, Hyccara, Aicesta u. a. feststeht. Bildet man aber von
macella den semitischen Plural, so entsteht macelloth und diese
Form kann mit dem Singular wechseln, wie beispielsweise
Marea — Mareota, Saba — Sabota aufs deutlichste zeigen. Ich
halte demnach macellotae für den lateinisch declinierten semitischen Plural von macella. Über dieses Wort theilt mir jedoch
College Graubart mit, dass ihm das Wort khala כָּלָא etwa

---

*) Vermuthungsweise schreibe ich: sed Jones ostia hortorum macellotas;
[D]oriorum et castelli macelli. Die masculine Form μάκελος bei Hesychius,
bei Martial a. a. O. berechtigt in Verbindung mit dem captatore macello
Juuenals VI 40 (118 R.) hier macelli festzuhalten; castellus steht freilich
erst durch die Itala Marc. XI 2, Luc. XIX 30 und Inschriften fest CIL I
199, 17 Orelli 5337; ist aber jedenfalls älter und dem Varro ebenso zuzu-
trauen wie die laxe Satzbildung. Auch MACELLA als femininum ist bezeugt
durch Memmius bei Caper GLK VII 101; ist aber nirgends verzeichnet.

gleich dem lateinischen *arcere*, „einschließen und abhalten", bedeutend zugrunde liegt. Ein Derivat also ist *mi-khela* oder *ma-khela* מִכְלָא und dieses in der Bedeutung H ü r d e (δρυφακτός, wie H e s y c h i u s sagt) ist zu finden bei Habacuc III 17, wo H i e r o n y m u s übersetzt: *abscindetur de* o u i l i *pecus.* Was speciell die Doppelform mit *i* und *a* betrifft, so verweise ich auf Analogien wie Mirjam — Marjam, Simson — Samson, Mìgdol — Magdala, Thipsach — Thapsacus, die sich leicht häufen ließen. Ja auch der Plural, den ich annehme, steht nach G r a u b a r t s Mittheilung in den Psalmen LXXV, 70, wo H i e r o n y m u s gab: *sustulit eum de* g r e g i b u s o u i u m (מִכְלְאוֹת צֹאן).

Formell wird man diese Nachweise nicht bekämpfen können. Ich stütze sie durch eine begriffliche Analogie aus dem Gebiete des Latein, wo *caulae* „Hürde" Vergil. Aen. IX 160 und „Schranke" Serv. ad loc. ist, und eine noch deutlichere auf dem Boden des Deutschen. Neben dem griechischen φράγμα oder φραγμός, mit dem man gleichfalls unser Wort erläutert (vgl. die Lexica) und welches die Bedeutung von Z a u n, H e c k e metonymisch zum u m z ä u m t e n R a u m variiert (M a c e l l a) wie bei Archias A. P. IX 343 ὑπὲρ φραγμοῖο διωχθεὶς κόσσυφος steht mtlat. *phragina* als M a r k t s c h r a g e n ins Deutsche als *pfragen* (G r i m m s. u.) eindringend, woher dann unsere P f r a g n e r, vulgo F r a g n e r, den Namen führen. Nicht anders wurde *cancelli* zu deutschem K a n z e l.

Damit glaube ich endgiltig die Entstehung von *macellum* erklärt und dem Lexikon ein neues Wort gewonnen zu haben.

CASTRARE ist ein sonderbares Wort. Bréal p. 37: un autre *castrum* signifiant „c o u t e a u" a donné *castrare* „c o u p e r". Dieses supponierte *castrum* ist ersichtlich nachgebildet dem *çastra* des Petersburger Wörterbuches, vgl. V a n i č e k p. 1238, allein es ist doch höchst auffallend, eine Bildung so durchaus isoliert in der Sprache stehend zu finden, die, wenn sie, wie man voraussetzen will, nach dem Werkzeug genannt ist, sicherlich auch dessen Namen erhalten hätte. Und zweitens, wenn man damit das gr. κέστρον oder κέστρα vergleicht, so entstehen sofort lautliche Schwierigkeiten, wie jedermann sieht, und auch sachlich ist die Identität höchst fraglich. Ich wenigstens kenne nur *cestrum* als Lehnwort bei Plinius XXXV 40, 22; 41, 1 von dem Grabstichel encaustischer Malerei *cestro id est* u e r i c u l o. Ich füge drittens hinzu, dass man bei der genannten Etymologie nur zu dem vagen Begriff des Schneidens überhaupt gelangt, und dass man annehmen muss, ein uraltes — sagen wir — Handwerkswort sei auf römischen Boden gefallen und durch occasionelle Verwendung geschützt geblieben, wie unser „Schweinschneiden". Alles dies aber ist vages Zeug, das keinen Hinterhalt in der Literatur hat. Wäre dem wirklich so, was hätte dann C i c e r o de oratore III 41, 163 an dem Gleichnisse zu tadeln gehabt: *nolo dici morte Africani* c a s t r a t a m *esse rem publicam, nolo* s t e r c u s *curiae dici Glauciam?* Unsere Wörterbücher sind alle irrig be-richtet, wenn sie in usum Delphini hier dem Worte seine volle Kraft nehmen und es mit einem hektischen „s c h w ä c h e n" übersetzen. Noch unrichtiger aber wäre es eben, an eine alte Wurzelbedeutung zu denken, die hier hereinspielte; sagt ja doch C i c e r o a. a. O. ausdrücklich: *fugienda est omnis* t u r p i -t u d o *earum rerum, ad quas . . . trahet similitudo,* und dass das Wort hier wie anderswo aufzufassen ist, sagt die Parallele s t e r c u s *curiae* deutlich genug.

Ich halte daher die Anlehnung an das nebelhafte *castrum* für völlig verfehlt. Meines Erachtens ist von jeher der ganze Ausdruck metaphorisch, vom B i b e r übertragen ; denn nach dem weitverbreiteten alten Aberglauben ist ja der c a s t o r c a s t r a -t o r *carnis suae* Tertullian adv. Marc. I 1. Dass man von *castor* ein *castorare bilden konnte, liegt auf der Hand. Die Zusammen-ziehung zu *castrare* ist nicht lautgesetzlich zu rechtfertigen, aber durch volksetymologische Einwirkung von *castrum, castrensis* begreiflich zu machen. Neuheit nimmt diese Auffassung nicht für sich in Anspruch; im Gegentheil sie ist alt genug. Schon I s i d o r, den unsere sprachvergleichenden Gelehrten mehr schmähen als lesen, sagt ausdrücklich (orig. XII 2, 25) c a s t o r e s *a* c a s t r a n d o dicti sunt; — es ist natürlich umgekehrt — .... *de quibus Cicero in Scauriana: redimunt se a parte corporis, propter quod maxime expetuntur* (c. 2, § 7); *Juuenalis: qui se eunuchum ipse facit, cupiens euadere damnum testiculi* (XII 34 vgl. Solin. XIII 2 elegia de nuce 165 u. a.).

Eine sachlich völlig gleiche Bildung wagte V a r r o (lex Maenia ap. Non p. 106) *is qui se eunuchat,* die ebenso hybrid ist wie jene; die Kirchenväter nahmen das griechische εὐνουχί-ζειν auf (F u n c k, Archiv III 436), auch unser Volk hat sich ein ähnliches Wort gebildet und sagt „k a p a u n d e l n" genau so wie der Römer „b i b e r n" sprach. Ist aber die hier angestellte Rechnung richtig, dann ist aller Logik nach der r e f l e x i v e Gebrauch des Wortes *(castrem egomet me* Lucilius) älter als der t r a n s i t i v e.

HONESTITUDO. Wenn das Wort nach dem alten und sicher treffenden Vergleiche eine Münze ist, dann eignen sich zur Betrachtung des Gepräges und zum Studium der Präge-technik nicht die abgeschliffenen Stücke des gemeinen Handels und Wandels, als vielmehr die zu bestimmtem Zweck geschlagenen Schaumünzen, die ihr scharfkantiges Wesen im literarischen Raritätenkasten wohl erhalten haben. Einer solchen Schau-münze gleicht das von allen Lexikographen grausam miss-deutete Wort *honestitudo.* Quelle unserer Kenntnis, sowie unseres Irrthums ist Nonius 120, 28 M.:

h o n e s t i t u d o pro h o n e s t a s. *Accius Oenomao:*
horrida honestitúdo Europae principum primo èx loco . . .
idem Myrmidonibus:
tua honéstitudo Dánaos decepit diu.

Vom Standpunkte s e i n e r Z e i t schien also dem Afrikaner beides gleichwertig, zwischen *honestitudo* und *honestas* ersah sein trübes Auge keinen Unterschied; ihm können wir auch deshalb keinen Vorwurf machen, aber dass die gesammte Lexikographie nicht schärfer sah, als er, ist sicher eine Schande; denn kurz und gut: *honestitudo* ist nicht i d e n t i s c h mit *honestas*, sondern bedeutet gerade das G e g e n t h e i l. Das hat Lucian M ü l l e r deutlich gesehen *(de Accii fabulis* p. 9), als er die Stelle aus den Myrmidonen auf Ulixes deutete: *quibus nescio an perstringatur Ulixes — cui saepe simulationis crimen obiectum — reditum* s u b h o n e s t a s p e c i e *dissuadens.* Er hat Recht. Die Sprache erlaubt sich keineswegs den Luxus drei- oder vierfacher Formenbildung, sie hält mit dem geringsten Haus; wo aber neue Begriffe zu prägen sind, darf auch das neue Wort nicht gescheut werden. Nicht w i r k l i c h e Ehrbarkeit konnte die Danaer täuschen, nur s c h e i n b a r e, οὐ τό εἶναι, ἀλλὰ τὸ δοκεῖν, den Begriff der E h r b a r k e i t *(honestas)* konnte A c c i u s nicht brauchen; er wollte das E h r b a r t h u n des Erzschelms charakterisieren und so schuf er sich sein *honestitudo.* Genau so steht es mit CÆCITUDO. Auch hier identificieren unsere Lexica ausnahmslos die seltene Bildung mit dem geläufigen *caecitas.* Sie lassen damit jedoch den Wortschöpfer geradezu Unsinn reden und fassen die volle Intention des Ausdrucks in keiner Weise. *Nuscitiosum,* heißt es bei Festus *Ateius ait appellari solitum, qui propter oculorum uitium parum uideret; at Opilius Aurelius nuscitiones esse* c a e c i t u d i n e s n o c t u r n a s. Man ersieht deutlich, dass O p i l i u s an dieser Stelle *caecitates* gar nicht schreiben konnte; denn wenn *caecitas* das B l i n d s e i n bedeutet, so hatte es eben hier, wo von einem B l i n d s c h e i n e n die Rede ist, keine Stätte. Es ist purer Mangel an Akribie, wenn man beides vermengt. O p i l i u s war verlegen um einen passenden Ausdruck für den Blödsichtigen und er that, was A c c i u s gethan hatte, er erfand sich ein eigenes Wort, er schrieb caecitudo. *) Nicht minder deutlich zeigt sich auch anderswo die Genauigkeit der alten Diction gegenüber dem Unverstand Späterer. Ich nehme z. B. Non. 185, 6 VICISSITATEM p r o v i c i s s i t u d i n e m. *Accius Phoenissis:*
uicissitatemque imperitandi tradidit.
L i v i u s hat späterhin an dem Ausdruck *uicissitudo imperitandi* keinen Anstoß genommen; ersichtlich war zu seiner Zeit die Eigenart beider Bildungen bereits derart verwaschen, dass er beides für identisch halten konnte, wie G e l l i u s an der Hauptstelle XIII 3, die ich den Leser nachzusehen bitte. und an der anderen XVII 2, 19: *sanctitas et sanctimonium non minus Latine dicuntur, sed nescioquid maioris dignitatis est rerbum sanctitudo, sicut et M. Cato in L. Veturium duritudinem quam*

---

*) Vgl. *seruitudo* bei Livius XXIV 22, 2, das gleichfalls Nothbehelf ist, da weder *serritium* noch *serritus* ohne Znsatz hinlänglich passen, um die „p o l i t i s c h e K u e c h t u n g" auszudrücken.

*dur**itiam dicere gravius putauit.* Wem fällt bei diesem Wort-
geklingel nicht der Vers des Mirza Schaffy ein:

Ich höre das Geklapper einer Mühle —
und seh kein Mehl?

Es wird sich also empfehlen, einmal scharf die drei Bildungs-
formen zu scheiden. Ich gehe hier von der anderen Accius-
stelle aus, bei deren Besprechung Lucian Müller (a. a. O.,
p. 50) minder glücklich gewesen ist: *pulchritudo Hippodamiae
describitur versu trochaico, cuius tamen corruptum est initium:
horrida honestitudo e. q. s.*

Zunächst ist von Hippodamia im ganzen Verse keine
Rede, und zweitens verfiel der Petersburger Gelehrte hier
gerade in den Fehler, den er bei der Myrmidonenstelle glücklich
vermieden hatte. Indem er *honestitudo* falsch für identisch mit
honestas fasste, deutete er es als „Schönheit" und dann musste
natürlich *horrida* verdorben sein. Aber wir werden in strengem
Fortschritt auch hier an der einmal fixierten Bedeutung *honesta
species* festhalten, und der Vers wird sich dann ganz von selbst
erklären. Als Gegensatz zu den Fürsten Europas kann
nur Pelops der Prinz aus Asien gedacht gewesen sein.
„Wenn man von Asien schlechtweg spricht, so denkt man zuerst an Üppigkeit und Weichlichkeit" sagt Wölfflin
Archiv VII 137, und dieser Üppigkeit und Weichlichkeit steht
eben die *horrida honestitudo* der Europäer treffend gegenüber;
dem zierlich geschmückten Pelops erscheinen seine Rivalen
von einer komisch wirkenden „ehrbar aussehenden Strup-
pigkeit", wie ich den Dichter zu übersetzen wage. Auch hier
also fallen *honestas* und *honestitudo* klar und unwiderleglich
auseinander.

Da nun die Wörter Gegensätze bezeichnen, aber ersichtlich
gleichen Stammes sind, so muss die Gegensätzlichkeit der
Wortbedeutung im zweiten Worttheile liegen. Ich vermeide
ausdrücklich die Bezeichnung Suffix, da auf Grund der eben
besprochenen Stellen jedermann zugeben muss, dass Accius
und Opilius sich noch völlig über die wurzelhafte Bedeutung
des Substantivs *tūdo, tūdinis* klar waren, man also für ihre
Zeit von einem Suffix *tudo* noch nicht reden kann. Diese Begriffs-
schwächung trat erst später ein; Cäcilius, über dessen
schlechtes Latein der vor allen anderen berufene Sprachkenner
(ad. Attic. VII 3, Brut. 258) ein vernichtendes Urtheil fällte,
wagte zuerst statt *pulchritudo pulchritas* zu sagen (frg. 55),
aber die einfache Thatsache, dass ihm niemand folgte, zeigt,
dass hier die insubrische Sprechweise des Halbrömers gegen
die Intentionen des sermo urbanus verstieß. Später freilich
ersetzte Vitruv das plautinische *macritudo* (capt. 135) unbe-
denklich durch *macritas,* der falsche Cyprian (adv. Juv. 137, 19
Hartel) das classische *aegritudo* durch *aegritas,* wie schon in
der classischen Zeit *necessitudo* und *necessitas* wirr und wild
durcheinandergehen (Gellius XIII 3).

Was bedeutet also das Substantiv *tūdo?* Die ähnlichen Wörter *albēdo, torpēdo, grauēdo, dulcēdo, pinguēdo* sind Deverbalia, wofür theils die Verba selbst, theils ihre Incohativa bürgen. Nicht anders gehört *cupīdo* zu **cupīre = cupere, formīdo* zu *formīre = formāre, lubīdo, cuppedo* u. a. zu entsprechenden Verben, wenn auch im einzelnen manche lautliche Frage unsicher bleibt. Das supponierte Substantiv **tudo, tudinis* wird also ersichtlich auf *tui, tueri* zurückzuleiten sein, einen Stamm, der auch sonst als Grundwort in Zusammensetzungen zum Formelement herabsinkt, wie sehr hübsch der leider nun der Wissenschaft entrissene S t u d e m u n d (Archiv I 115) angedeutet hat. Seine unwiderlegliche Deutung von *aes-tumus, aes-tumare* muss jedoch weiter ausgedehnt werden auf *au-tumari* (vgl. gr. οἴομαι neben οἰωνός), auf Formen wie *mari — fini — tumus* (coll. Gell. XI, 10, der richtig *aedi-tumus* dazustellt), in denen die ursprüngliche Bedeutung des S c h a u e n s *(ad meridiem spectare,* „der Thurm, der gen Damascus schaut") ebenso klar hervortritt, wie in *legi-tumus* und *vic-tima* der abgeleitete Begriff des W a h r e n s, denn eine *legituma actio* stammt *a tuendis legibus* ebenso wie die *hostia uictima* „das stellvertretende Opferthier" (anders L. Havet mém. d. l. soc. d. lingu. VI 117) *a uicibus tuendis.* Es bedeutet also das Substantiv *tudo* das A u s s e h n, wie wir hierzulande sagen „d a s G'schau". Und damit erklärt sich, dass es als Grundwort zu Adjectiven tritt, welche in irgend einer Weise körperliche Eigenschaften bezeichnen, wie *simili-, dissimili-, lippi-, lati-, longi-, alti-, albi- (cāni-,* Varr. ap. Non. 82 **), atri-, aegri-, pingui-, gracili-, macri-, pulchri*-t u d o. Sie bezeichnen das „ähnliche Aussehen" u. s. w. Eine andere Reihe von Adjectiven deutet Geisteszustände an, wie *forti-, duri-, acri-, sancti-, hilari-, maesti-, leni-, noxi-, anxi*-t u d o. Hierher gehört aber auch des A c c i u s *honesti-tudo* und sein *casti-tudo* (bei Non. 85). Für derartige Bildungen haben wir im Deutschen die classische Parallele an got. h e i d u s (dtsch. heit, k e i t), das zunächst an Begriffe körperlicher Zustände — Schönheit, Kleinheit, Krankheit — antretend durch Anschluss an Adjectiva, die geistige Zustände bezeichnen — Traurigkeit, Fröhlichkeit, Ängstlichkeit — zum Träger der reinen Abstraction wird — Reinheit, Freiheit.

Für die Mittelstufe der Entwicklung ist eine charakteristische Stelle A c c i u s bei Non. 136, 19 ff., wo es von dem bettelhaft gekleideten Telephus heißt:

---

*) Auch diese Stelle ist für die Bedeutung wichtig: *nec canitudini* (ehrwürdiges Aussehen!) *comes rirtus* (aber *canitas* wäre das „Weißsein"). *Crassitudo* gehört ebenfalls hierher. E+ führt mich zu der Frage nach der Etymologie von CRASSUS, im Ital. als *grasso* fortlebend. Mir ist es nicht zweifelhaft, dass es mit dem gr. γράσσος, γράσος identisch ist. Wenn dies nach S u i d a s ὀυζοσμία τῶν τράγων ist, als „Schweißgeruch" in der Literatur sich findet (Aristot. probl. 4, 24), wie das Derivat γράσων (schweißrüchiger Mensch) Ath. XIII 585, so ist es ein sehr begreiflicher psychologischer Reflex, dass man geradezu f e t t e Leute γράσσοι = C r a s s i nannte. *C* neben *y* wie *corytus* γωρυτός, *Caius* neben γαίω u. a.

quem ubi a s p e x i *égo, virum memorábilem*
i n t u i *uidérer, ni uestítus teter,* m a e s t i t u d o
u á s t i t u d o *praédicarent, hóminem esse [abiectíssimum].*
Auch hier, wo klärlich „trauriges und wüstes Aussehn" zu
übersetzen ist, erklären unsere Wörterbücher insgesammt falsch
mit „Verwüstung" ohne Hand und Fuß.
Jene ältesten Composita, welche auf körperliche Eigenschaften gehen, lassen nur die Formen auf *tudo* zu und schließen
selbstverständlich Bildungen auf *tas* daneben aus. Erst sinkendes
Sprachgefühl überträgt von der zweiten Colonne die concur-
rierenden Nebenformen auch zurück auf die erste, ältere
Gruppe. Denn in den Gebilden mit *hilarus, castus, maestus*
können beide Formen nebeneinander stehen, nur sind sie eben
nicht, wie man fälschlich annimmt, gleichbedeutend, denn die
mit *tas* gebildeten Substantive drücken das W e s e n der Sache
aus, die mit t u d o nur ihr äußeres A u s s e h e n. Daher kann
zwar die *Castitas, Necessitas* oder *Faustitas* als Göttin gedacht
werden; aber undenkbar als Gottheit wäre eine *Faustitudo* u. s. w.,
die in sich den Widerspruch trüge, den Schein zum Wesen zu
erheben.
Und so zeigt sich, wie einsichtig A c c i u s bei Non. 185,
16 schrieb, als er *uicissitatem imperitandi* wagte. Ihm klang die
Endung noch begrifflich aus; *uicissitudines lunae* oder *fortunae*
waren ihm noch erkennbar „wechselndes Aussehn", „Phasen",
und darum konnte und durfte er nicht anders schreiben als
uicissitas „Wechsel". L i v i u s hingegen sah nichts mehr in der
Endung *tudo* als ein Abstractionssuffix und konnte daher *uicissitudo* auf *imperium* übertragen.
Ich schließe diese Andeutungen — sie wollen und können
nicht mehr sein — mit dem Wunsche, dass jemand sich finde,
der das Gesammtmaterial übersichtlicher zusammenstellt, als
es mir hier möglich ist. Für eine weitere Untersuchung werden
auch formelle Fragen zu erörtern sein. Denn wenn man z. B.
mansue-, consue-, inquie- t u d o gewöhnlich auf *mansuetus* u. s. w.
zurückführt, so ist dies ersichtlich falsch. Nur e i n Wort ist
im Sinne der Erleichterung gleichklingender Silben in der Zu-
sammensetzungsnaht (W ö l f f l i n Gemination, p. 444 Note) behandelt: *sollici-tudo* statt **solliciti-tudo,* für die anderen Wörter
liegen in *mansuēs, inquiēs* und dem allerdings nur aus der Juxtaposition *consue-fieri* zu erschließenden **consuēs* die richtigen
Bestimmungswörter vor.*) Nicht anders hat ja auch *ari-tudo*
ein Adjectiv zum Stamm, das nur aus *are-facere* rückgewonnen
werden kann, wie Lucrez VI 962 zeigt:
principio terram sol excoquit et facit are.
Ob R i b b e k (Arch. II 122) bei Non. 90, 1 richtig *ciner aris*
liest, chi lo sa? Genial aber ist die Vermuthung.

---

*) Ich betone dies wegen F i c k KZ XXII 98, 371, und Skutsch de
nominibus latinis suffixi NO ope formatis p. 4. Vgl. c o n s u e *quoque faciunt*
Varro r. r. II 9, 13.

Ferner wird genau zu erwägen sein, welche Förderung
die Formen auf *tudo* durch das Versmaß fanden. Denn während
die casus obliqui der Formen auf *tas* dem Gange diplasischer
Versform nur im Versinnern sich eignen, für das genus par
aber fast wie der casus rectus völlig unbrauchbar sind, boten
die casus obliqui der Formen auf *tudo* vortreffliche Versaus-
gänge im Senar und Septenar (Pl. mil. III 1. 83 Acc. ap. Non. 85
Ennius ap. Varr. 1. 1. V 60 und viele andere). Hingegen erscheint der Nominativ solcher Wörter gern in der Cäsur des
Senars oder Septenars, offenbar auch hier gestützt durch Quan-
titäts- und Accentverhältnisse:

tua honéstitudo || *Dínaos decepít diu*
túmen et status et grácilitudo |*| própemodum et luctus facit.*

Der Wortausgang verdeckt durch Elision:

quae uástitudo haec || *aút unde inuasít mihi?*

Naturgemäß schließt sich hier eine Betrachtung an über
Wortgebilde wie:
INITIUM. Es ist nämlich höchst verwunderlich, dass
diese verhältnismäßig so durchsichtigen Bildungen nicht in
voller Klarheit aufgefasst werden. Vaničeks wie immer un-
kritische Darstellung, p. 80 f., lasse ich auf sich beruhen, da
man aus ihr nicht klug wird; denn ein und derselbe Verfasser
theilt auf acht Zeilen zuerst *com-i-t-iu-m*, dann *exitiu-m*, dann
in-i-tiu-m. Was er also wollte, hat er ersichtlich selbst nicht
gewusst. Die vierte Variation bietet die S c h e i n d l e r'sche
Schulgrammatik, nämlich *ini-tium* (sic!). Lassen wir dies also
und hören wir B r é a l p. 79: „*com-i-tium* e. q. s. ont le suffixe
-*tium*, que nous avons dans *exercitium*, *sol-stitium.*" Allein bei
genauerer Betrachtung würde der französische Gelehrte seinen
Irrthum sicher erkannt haben. Es gibt nämlich kein Suffix
tium, und dass es keines gibt, beweist kein Wort deutlicher
als das von B r é a l selbst angeführte *sol-stítium (iu-stitium).*
Varro l. l. V 60 drückte sich vorsichtiger aus: *animae et cor-*
poris discessus quod *ŗ* natisis exius, *inde exitium, ut cum in*
unum ineunt initia; denn wenn er sich begnügte, im zweiten Falle
das Stammwort allein zu betonen, so scheint er das erste Wort
an *exitus* angelehnt, also das *t* stammhaft, nicht suffixal aufgefasst zu haben. Wahrscheinlich ist ja zu lesen: *quod* n a t u -
r a l i s *is exitus, inde exitium (ñális is?).* Und darin hatte er
Recht, denn die sämmtlichen in Rede stehenden Wörter bildete
nicht das einfache Verbum, sondern die Frequentativform. Wie
per-fug-ium, col loqu-ium, con-iug-ium (zu *con-iugare,* nicht *coniun-*
gere!!) mit dem Suffixe *ium* abgeleitet sind, so stimmt *ex-com-*
in - i t - *ium* zu *ex-com-in* - i t a r e, *exercit-ium* zu *exercitare.* Und
dies beweist eben *sol-s t i t ium,* das ja unmöglich von s t ā r e,
sondern sicher von *stātare zu leiten ist, dessen Existenz
stator, statiuus verbürgen. Die Quantität ist hier entscheidend.
Und diese Entstehung spiegelt sich ja auch noch in der
Wortbedeutung wieder. Schon die verschiedene Behandlung der
Präposition in co?re und com-*it-ium* (vgl. com *itari)* spricht für

Anlehnung an das Frequentativ und gar erst die Bedeutung; denn wenn *coitus* (und *coetus)* ersichtlich das einmalige Zusammengehen bezeichnen, ist *comitium* der Ausdruck für die gesetzliche wiederholte Zusammenkunft. Ebenso ist Lucr. I 13 (coll. 383, Ovid met. IX 212):

> *aeriae primum uolucres te, Diua, tuumque*
> *significant* initum *perculsae corda tua ui*

ersichtlich singularisch gedacht, während die pluralisch-frequentative Bedeutung (Anfänge, Elemente, erste Regierungshandlungen, Mysterien u. s. w., vgl. die Lexica) nur in *initium* zu finden ist. Man würde es sicher für verkehrt halten, *infitiae* nicht von *fateri*, sondern direct von *fari* abzuleiten (vgl. Zimmermann, Arch. VII 437, der sehr einsichtig über *fateri* spricht), aber man begeht denselben Fehler bei den hier besprochenen Wörtern.

Als Grundlage der gesammten Bildungen erscheint demnach neben *itare*, „wiederholt gehen", **itium,* „das wiederholte Gehen", und es entsteht die Frage, ob dieses Wort nicht auch einmal selbständig gewesen ist und demzufolge auch andere Verbindungen als präpositionale eingehen konnte.*) Denn ein derartiger Vorgang ist häufig genug. Als Apperceptionsreihen stelle ich per-re-*fugium* neben regi-*fugium,* super-*cilium* neben domicilium *(calere; occulere),* col-*loquium* neben breui-, ueri-, soliloquium und

DIS-CIDIUM, EX-CIDIUM neben STILLI-CIDIUM. Wenn ich nämlich nicht irre, leitet man heutzutage ganz falsch *discidium* und *excidium* von scindere ab (Vaniček 1001, Georges⁷ s. u., Bréal 327 u. a.); Hintner, kleines Wörterbuch, Brixen 1873, wollte excidere zugrunde legen, ohne der Quantität zu achten; die einzig richtige Etymologie ist die von cadere. Georges⁷ irrt, wenn er I 2346 zwei verschiedene *excidia* ansetzt. Plinius XXXVI 39, 3 (bei Georges nicht erwähnt) spricht von *uuluae excidium* im Sinne von „Gebärmuttervorfall", Prudentius Apoth. 694 spricht von *solis excidium* als Sonnenuntergang ⟨*cadente, occidente sole*⟩. Mehr steckt auch hinter dem so häufigen *urbis excidium* nicht als „Ruin" und concret gedacht „Ruine" wie *euersae* fumantia *Troiae excidia* Aen. X 46 „bei Trojas rauchenden Ruinen" oder wenn man will „Untergang" *seditio urbi excidio fuit* Tac. hist. I 80. Es sagt nicht mehr, als bei demselben Vergil. Aen. I 623 casus urbis.. *Troianae* coll. II 507 *urbis captae* casum vidi. Man muss damit Verbalausdrücke vergleichen wie Properz III 1, 63

> *at non ingenio quaesitum nomen ab aeuo*
> excidis: *ingenio stat sine morte decus*

oder III 5, 7 *primo miser* excidit *aeuo* als Euphemismus für

*) Analog dazu ist der Vergleich von COM-MENTUM und ARGU-MENTUM, atra-mentum u. a. Das suffixale *mentum* ist nichts als PPf.P von *menisci* und heißt „Ersonnenes", daher „Mittel", insoferne das Mittel zur Erreichung einer Sache Resultat eines Denkprocesses ist; darüber anderswo ausführlicher.

den Tod, wie: ferrum *acuunt in* e x c i d i u m *meorum* bei V e r g i l
VIII 386. So ist *vera virtus, cum semel excidit* bei H o r a z der
„Untergang wahrer Tugend" u. a. m. Denn man muss ferner
in Betracht ziehen, dass die Bildungen auf *ium* alle insgesammt
a c t i v e Bedeutung haben: *regi-fugium* die „Flucht", *colloquium*
das „Reden", *odium* das „Hassen"; käme aber *excidium* von
scindere, dann hätte es p a s s i v e Bedeutung „Zerstörtwerden",
wenn man schon von' den formellen Bedenken ganz absehen
wollte, dass man an den Perfectstamm anlehnt, statt, wie
sonst überall, an das Präsens *(gaudium, ödium* u. a. m.). Demnach
kann auch *dis-cidium* nicht anders gedeutet werden als durch
ein verschollenes *dis-cidere* „auseinanderfallen", so dass die
Auffassung „Trennung", „Auseinandergehen", „Scheidung" der
lateinischen Intention am meisten gerecht wird: *corporis atque
animäi* d i s c i d i u m sagt Lucrez III 851, wie oben V a r r o *animi
et corporis* d i s c e s s u s l. l. V, 60. Ebenso deckt sich d i s c i d i o
nubis bei Lucrez VI 293 mit *caeli* d i s c e s s u s bei Cicero de
divin. 2, 28. Von einer passiven Bedeutung „zerrissen werden"
kann in allen diesen Fällen auch nicht die Spur gefunden
werden. Und dazu tritt eben noch *stilli-cidium* und *stiri-cidium*,
bei denen man die Zugehörigkeit zu *cadere* allgemein anerkennt*)
(V a n i č e k 106, B r é a l 367).

Doch ich schweife ab.

Wenn man also, sage ich, die genannten und andere Parallel-
bildungen betrachtet, zu denen als Verbindungen mit Substantiven
matri-, patri-, homi-, parri- c i d i u m, *arti-, lani-, aedi-*f i c i u m, *au-
g u r i u m* zu **gurere* dem Stammwort von *gustare* (Z i m m e r-
m a n n, Archiv VII 435, irrt!!) *au-*s p i c i u m, *au-*c u p i u m
neben *man-, prin-*c i p i u m, *galli-, tibi-, sin-*c i n i u m und andere
treten, dann wird man berechtigt sein, neben *com-in-ex-*i t i u m
auch *seru-, calu-, lan-*i t i u m abzutheilen, das heißt auch hier
von den nebelhaften Vorstellungen sogenannter Suffixe bis zum
Verständnis der wurzelhaften Wortbedeutung vorzurücken. Wie
kaleidoskopisch z. B. dem Sammler V a n i č e k diese Dinge sich
verschoben, zeigt seine Darstellung der Formen. P. 1026 schreibt
er *serui-t-iu-m*, p. 1085 *calui-tiu-m*, p. 825 gar horribile dictu:
lanic-ia, ie-s f, iu-m n. Kann jemand, der solchen Wust drucken
lässt, ein Verständnis von der Sache haben?

Kurz und gut: in den genannten Wörtern steckt *itium*,
„das Gehen". Wenn C i c e r o Tusc. qu. III 26 sagt: *regem sibi
capillum euellere, quasi* c a l u i t i o *maeror leuaretur*, so können
wir noch „Kahlgehen" im Sinne von „Kahlsein" übersetzen,
das Wort wird später (Suet. Caes. 45, Plin. XI 47, 2) zur
„Kahlheit", „Glatzköpfigkeit", *caluitii deformitas*, erst in der
Vulgata ist es metonymisch die „Glatze", Levit. XIII 42, doch

---

*) ROS-CIDUS aber weiß V a n i č e k wieder nicht zu behandeln. Er
schreibt *ros-ci-du-s* und ahnt nicht, dass das Grundwort *cadere* ist. Vgl. *roscida
mella* Verg. geo. IV 30 „thaufälliger", *roscida luna* geo. III 337, die den Thau
fallen lässt u. s. w. *Roscida mäla* in den Bucolica, „auf die der Thau gefallen
ist"; *ros cadit* ist ja ständiger Ausdruck aller Zeiten.

muss es wohl schon früher solche Bedeutung aufgewiesen haben, da Apulcius met. 2, Marc. Cap. II 181 ihr *barbitium, capillitium* darnach geschmiedet haben. Und so mag auch *seruitium* ursprünglich etwa unserem „in die Arbeit gehen" entsprochen haben, literarisch belegbar ist nur die Bedeutung „Sclavendienst" und metonymisch „Sclave", ganz wie *lanitium* „Wollzeug" <= Wolle) und „Wollvieh" ist (Stellen bietet jedes Lexikon*).

Das Wort führt aber zu einer neuen höchst fruchtbaren Betrachtung. Denn neben Vergils (geo. III 384) *si tibi* la ni ti um *curae* leistete sich Laberius (frg. 67 R) *ex* l a n i t i a *Attica*, Tertullian (adv. Marc. II 2) sogar ein l a n i t i e s. Vgl. *caluitium, caluitia* (Gloss. bei Ducange); *caluities* Petron 108, Suet. Galba 20. Dieser Geschlechtswechsel in den Bildungen ist richtig beurtheilt von Br é al a. a. O.: il a dû y avoir pareillement un s u b s t a n t i f f e m i n i n, lequel est resté dans le pluriel *indutiae* pour *endo-itiae* (vgl. *endo-itium* bei Festus, Vaníček p. 81 und *coetus* neben *coïtus).* Aber so richtig diese Bemerkung ist, so bedarf sie d e r Erweiterung, dass auch der Singular *itia (ities)* hundertfach vorliegt, und zwar als Grundwort abstracter Substantive. Zunächst sind *trist-, maest-, moll-, pigr-, laet-, lent-*iti a (i ti e s) ersichtlich ursprünglich „trauriges", faules, freudiges u. s. w. „E i n h e r s c h r e i t e n" und insoferne die Art des Gehens geeignet ist, die Gemüthsstimmung anzudeuten, „Traurigkeit" u. s. w. Auch *tardities* ist buchstäblich „träger Gang"; bei A c c i u s:

multa ámittuntur tárditie et socórdia

bereits „träges Vorgehen", ganz wie *mal-itia* nach C i c e r o *uersuta nocendi* r a t i o ist. Demnach sind *amic-, nēqu-, inimic-, auar-, iust-*iti a, eigentlich „freundliches, nichtsnutziges, gerechtes V o r g e h n", endlich rein abstract „Geiz, Freundschaft" u. s. w. Seltener ist die Umstimmung ins Concrete (Metonymie), die bei *lat-, long-, plan-itia (es)* aus dem energischen Hervortreten des Adjectivs sich leicht erklärt. Auch hier d e u t e ich mehr an, als ich ausführen kann in dem engen Rahmen dieser Gelegenheitsschrift.

ADSENTARI und seine Sippe stellen alle mir zugänglichen Quellen (vgl. z. B. Georges ' s. u., Bréal p. 337, Vaníček p. 1018, Hintner p. 6 u. a.) unter *sentire*. Diese Aufstellung halte ich schon aus äußeren Gründen für falsch, da das vorausgesetzte Supinum **sentum* nicht nachweislich ist (W ö l f f l i n jedoch, Arch. IV 197 ff., führt *adsentari* unter den Frequentativen nicht auf. Vgl. bes. p. 119, Z. 19 v. u.). Der Irrthum ist alt. Schon P a u l u s, p. 65, 11, hat c o n s e n t i a s a c r a *quae ex multorum* c o n s e n s u *sunt statuta* aus Festus gezogen, und doch wird man dies Wort nicht trennen dürfen von den

---

*) *Capitium* statt **capit-itium* wohl zuerst das Loch in der Tunica, wo der Kopf durchgeht, uulg. exod. 28, 32, dann wohl = *tunica*, kaum *capitum tegmina.* Non. 542 ist bedeutungsunsicher (Varro l. l. V 131). Daher gehe ich hier darüber hinweg.

dii consentes Varr. l. l. VIII 70, zu dem die Abstractform consentium *deorum* gehört. Schließlich tritt dazu die Secundär-bildung consentaneus, wozu Cicero subjectiv als Gegen-stück dissentaneus bildete. Neben diesen Bildungen stehen die Parallelen praesentes, praesentia, praesentäneus und ⟨re⟩praesentare, über deren Zugehörigkeit zum Verbum substantivum kein Zweifel herrscht, wie ja auch *dii consentes* überall richtig erklärt stehen (Bréal p. 379). Die Grundbedeutung „beisammen seiend" *(dii, sacra),* „vereint", wird in *consentaneus* eben erweitert zu „vereinbar", in *dissentaneus* liegt lediglich „unvereinbar", „getrennt", „auseinanderseiend".

Schließe ich somit diese Wörter an den Stamm ES an, womit auch alle lautlichen Bedenken schwinden, so wird das-selbe gelten müssen von *adsentari.* Wölfflin (Inschr. d. col. rostr. 301) zeigt, dass *praesens* ursprünglich „an der Spitze stehend" bezeichnet (vgl. Archiv VII 458, wo der gleiche Ge-brauch bei Virgilius grammaticus nachgewiesen ist). Eine dritte Stelle ist Ausonius epigr. XXVI 1, wo mit cod. M. auf Grund der Gleichheit der Vershälften zu schreiben sein wird (die andern Hss. *praeses):*

Phoebe, potens *numeris,* praesens *Tritonia bellis.*

Die classische Literatur zeigt aber *praesens* nur als Stell-vertreter eines mangelnden Particips zu *adesse :* *ad-sens. Ist dies auch selbst abgestorben, so liegt es doch in reichen Deri-vaten vor. Denn wenn man *adsentari* auf *sentire* zurückführt, bleibt die Deponensform völlig unerklärlich. Vergleicht man aber *absentare* und ⟨re⟩*praesentare* mit *adsentare,* so müsste dies die Bedeutung des „anwesend machen" haben; reflexiv dazu steht *adsentari* „sich anwesend machen", d. h. „sich zu-gesellen", „sich anschließen". Denn dies ist die Grundbedeutung des Wortes, wie ein Blick in die Literatur zeigt. Bei Cicero Caecina 5 *mulierum adsentatoris, cognitoris viduarum* ist eben nichts als „Gesellschafter" zu sehen, wie die Parallele Piso 70 zeigt: *reprehendat eum ut Graeculum, ut adsentatorem, ut poëtam* „als Griechen, als Schmarotzer, als Poët". Auch Livius ge-braucht *assentatores regii* nur als „Höflinge", „Hofschranzen" im breitesten Wortsinn.

Deutlich zeigt sich die Grundbedeutung in dem Gegen-satze bei Velleius II 48: *iis assentabatur ... iis adversabatur,* wo wir mit voller Berechtigung übersetzen dürfen: „gesellte sich bei ...... stellte sich entgegen". Wie nämlich dieses ursprüng-lich räumlich zu fassen ist, so auch jenes, und:

nunc ne eius causa uápulem, tibi pótius assentabor

in der Mostellaria ist zwar als beistimmen gedacht, sagt aber wörtlich nur: ich werde lieber dir mich zugesellen, auf deine Seite treten (vgl. Amphitr. II 2, 70). Dass daraus der Begriff schmeichlerischen Wesens werden konnte, zeigt Mostell. I 3, 100, wo es von der Scapha heißt:

núnc assentatrix *scelesta est, dúdum* advorsatrix *erat;*

aber es ist verfehlt, von dieser Phase der Begriffsentwicklung aus die Anlehnung an das Etymon *sentire* zu versuchen, die in lautlichem Betracht stets zum Fiasco führen muss.

ECCE. Ich bin mir bewusst, dass ich die Lösung eines der schwierigsten Probleme versuche, welche die lateinische Sprache bietet; ich weiß auch, dass meine Auffassung kühn ist, und doch hoffe ich, den Nagel auf den Kopf zu treffen. Nur muss ich gleich im vorhinein die Form der Darstellung durch den Hinweis auf die Last des Amtes und der sonstigen Geschäfte entschuldigen. Ich kann eben auch hier nur andeuten.

Zuletzt handelte über einige *ecce* betreffende Fragen Köhler im Archiv V 16—32. Seine Arbeit verdient in dem rein historischen Theil Lob, grammatisch und etymologisch steht sie kaum auf der heute erreichbaren Höhe. Ich staunte z. B. sehr über den Ausdruck „mit ecce componierte Pronominalformen", wo doch in aller Welt niemand etwas anderes findet, als ein Zusammensprechen des Pronomens mit der tonlos gewordenen, daher proclitischen Interjection, denn wie auch sonst antevocalisch Endsilben unterdrückt werden und Wortgruppen unter einen Hochton treten *(summ-ópere, vēn-íre, paen-última)*, so ist eben auch *ecce* in Formeln wie

apud nos ecc' íllam *festinat* (Stichus 536)
certe ecc' istam *video* (Curcul. 615)

nur infolge der Tonverhältnisse zu den Pronominibus gezogen. Die ursprüngliche Selbständigkeit des *ecce* in solchen Fällen zeigen ja die von Köhler, wie von Ribbeck missverstandenen Formeln bei Apuleius apol. 53, 74. Hier ist eben nicht *eccille, eccilli* als Einheit zu denken, sondern die richtige Auffassung verlangt völlige Trennung des *ecce* aus dem Satzverbande: *libertus,* ecc', ílle *ait* und *socero eius,* ecc', illi *Herennio.* Das ist ganz gutes Latein und dafür durfte Apuleius nicht getadelt werden.

Noch mehr befremdete mich, dass H. Köhler, S. 21, (wie auch Gröber, Arch. II 277) dem Tursellinus folgend, *eccum, eccam, eccos, eccas* aus ecce eum, eam u. s. w. entstehen lässt. Daraus wäre doch nun und nimmer etwas anderes als **ecc'eum, *ecc'eam* geworden, wie *uēn-eo, uēn-eam* deutlich genug zeigen. Aber noch mehr muss man sich wundern, wie denn in diesen Verbindungen, und nur in diesen allein das determinierende Pronomen auf einmal deictische Kraft gewinnen soll. Ich kenne kein deictisches *is*, aber *eccos tres nummos habes* ist sicher deictisch.

Ich sage, Köhler folge dem Tursellinus; obwohl ich sehr genau weiß, dass diese Erklärung angeblich aus dem Alterthum stammen soll. Priscian XII, p. 594 K (coll. Cledon. GLK V 51, 17): *quid est enim aliud* eccum *nisi* ecce eum? Aber Priscian ist eben nicht zu urgieren. Er betont lediglich die pronominale Natur des zweiten Bestandtheiles (vgl. Pomp. GLK V 210, Donat GLK IV 380), um dem Irrthume zu begegnen, dass eine Worteinheit vorliege. Aber die Form in

Köhlers Sinne direct auf das Determinativum zurückführen
wollte er kaum, sondern dieses Pronomen zu wählen war Priscian genötbigt, weil er nach dem Sprachgebrauche seiner Zeit
ein anderes Pronomen gleichen Accusativauslauts mit demon-
strativer Kraft nicht kannte. Es ist also falsch, ihn zu urgieren,
und dass es falsch ist, zeigt Sergius zur Donatstelle GLK IV
548 *eccum pronomen est:* ecce illum. Offenbar fühlte Sergius
ganz richtig die deictische Kraft der Verbindung, und da diese
dem *eum* Donats mangelte, substituierte er aus eigenen Mitteln
das schärfere *illum.* Er hat Unrecht, aber wir können aus
seinem Irrthum lernen, wie sehr fühlbar das Deictische den Grammatikern noch war. Die drastischeste Stelle dafür ist ja Pompeius V 205: praesentes *personae sunt hic, haec*);* magis
praesentes *eccum, eccam.* Nach unserer grammatischen Ter-
minologie sagt das: „Deictische Pronomina sind *hic, haec; eccum,
eccam* zeigen die deictische Kraft verstärkt.“ Das ist der Sinn
der Worte und Pompeius hat Recht, die Formen haben mit
dem Determinativum nichts zu schaffen. Wie *praebeo, prendo,
nemo* aus *praehibeo, prehendo, *nehemo* entstanden, so ist Ter.
ad. 792 *sed eccos uideo* = *sed ecce* hos *uideo* und *ecce* has
spricht sich *ecc'has* = *eccas.*

Erinnert man sich ferner der Doppelformen von hic mit
und ohne ce: *huius* ⟨ce⟩, *has*⟨ce⟩, *hos*⟨ce⟩, *his*⟨ce⟩, so ergibt sich,
dass vor *hun-ce, hun* c : *hum, vor *han-ce, han-c, *ham liegen
muss. Es ist demnach *sed eccum Parmenonem* = ecc' hum,
Eun. 304 *sed eccam ipsam* Eun. 738 = ecc' ham. Es liegt also
die deictische Natur der Verbindung in dem deictischen Pronomen, dem durch Tonverlust proclitisch das *ecce* sich anschloss.

Dass diese Auffassung richtig ist, zeigt die syntactische
Verwendung dieser Formen im Sinne des Personalpronomens
erster Person. Was H. Köhler S. 21 darüber vorbringt, ist
— milde gesagt — eitel Phrase. Die Thatsache aber steht
fest, dass *hic* auch sonst das Pronomen erster Person ersetzt,
wie das griechische ὅδε (Brix zu capt. 148, trin. 172, Spengel
z. Andr. 310). Wie also die Stelle tu si hic *seis, aliter sentias*
das Pronomen im Sinne von *ich* zeigt, so steht auch Pl. mil. 25
§ *ubi* tu *es!* § eccum,
d. h. *ecc' hum* im Sinne von: da bin ich.

Eine andere irrthümliche Auffassung hat H. Köhler
von der Art der Verbindung mit dem Accusativ, die ihm grammatisch zu sein scheint, während sie bloß sprachliches
Zusammenklingen im Flusse der Rede ist. Das wissen unsere
Grammatiker alle nicht, aber Priscian XII 597 wusste es
sehr genau: *eccum, eccam, eccos, eccas . . . . quae omnia tam
genera diuersa, quam casus habent accusatiuos utriusque numeri
quos exigit uerbum „uide“ vel „aspice“ vel „cerne“, quod
saepe per ellipsin solet intellegi.*

---

*) Hier folgt in den Hss. *hoc,* was zu tilgen ist, da *hoc* keine Person ist.

Aus dieser Stelle zeigt sich, dass der Erzgrammatiker
den Accusativ nicht von *ecce* abhängig fühlte. Mit Recht;
denn Stellen wie Menaechm. 219 *eccos tris nummos habes,*
hautont. 256 *sed eccos uideo* zeigen die Abhängigkeit von dem
Verbum des Satzes in vollster Durchsichtigkeit (*ecc'*, hos
tris nummos habes; ecc', hos *uideo*), so dass sogar der acc. c.
inf. abhängig sein kann. Nouius 85 R:
                    sed eccos uideo incedere
ursprünglich gedacht: *sed* ecce: hos *uideo incedere.*

Darin aber werden wir dem Priscian nicht beistimmen
dürfen, wenn er zu den freigestellten Accusativen sich ein
aspice, uide, cerne ergänzte. Der Sprachgebrauch der bekannten
Fälle *o me miserum! testes egregios! o fortunatos agricolas,
huncine hominem, hancine impudentiam* Cic. Verr. V 25 genügt,
um die freie Stellung eines *ecc' hum* begreiflich zu machen.
Diese Auffassung vertritt schon Zumpt und Schultz (Gramm.
§ 260, Anm. 2), sie gilt für die ganze classische Zeit, erst
das Spätlatein (Köhler, p. 24) denkt den Casus mit ecce in
grammatischem Zusammenhang.

Die Stelle des Priscian ist jedoch in einer ganz anderen
Hinsicht wichtig; sie lehrt uns nämlich ausdrücklich, dass wir
ecce ganz verfehlt übersetzen, si* lehrt uns, dass *ecce* alles
andere heißen kann, aber niemals siehe .... oder schau
da (Köhler, p. 17). Denn Priscian sagt ausdrücklich, der
Accusativ hange von einem zu ergänzenden „siehe“ ab,
hätte Priscian in *ecce* ein siehe empfunden, so hätte er
nie so schreiben können, wie er geschrieben hat: *quos exigit
uerbum* „uide“..., *quod* ... solet intellegi.*)

Woher aber kommt es, dass wir so übersetzen? Nun, die
Antwort ist nicht schwer. Wir übersetzen so nach der Bibel.
Wo der hebräische Text *hinneh* הִנֵּה hat, setzte die griechische
Übersetzung ihr ἰδού ein; die lateinischen Übertragungen er-
setzten dies durch *ecce*. Indem man nun (schon in den Glossen)
ecce und ἰδού gleichstellte, kam man dazu, deutsch siehe zu
wagen, eine Form, die bekanntlich grammatisch völlig unrichtig ist, da sie die beiden Imperativbildungsarten verquickt
und schon dadurch sich als späte gelehrte Bildung (Luthers?
Andresen Sprachgebrauch² p. 54) verräth. Ich wenigstens
habe dies siehe nur im Buchdeutsch und im Kanzelton gehört,
das Volk weiß nichts davon. Wenn man nun von diesem ge-
machten siehe zurück das lateinische Wort erklären will, so
hat die Logik dafür nur die Bezeichnung: *circulus uitiosus.*

Was heißt also *ecce?* Um dies zu beantworten, müssen
wir der Entstehung des Wortes nachgehen. Kein Wort steht
so isoliert im Latein, wie dieses. Was Köhler von compo-
nierten Formen spricht, habe ich bereits als crasses Miss-

---

*) Über alle diese interessanten Aufschlüsse ans den alten Grammatikern
schweigt sich Köhler gründlich aus. Das ist die Kehrseite der heute als
Panacee verschrieenen Erlanger Methode! Gott besser's!

verständnis erwiesen, ein zweites Wort wird gleichfalls um-
zubringen sein, nämlich *eccere*. Zwar sagt P a u l u s s. u. *eccere*
iusiurandum est, ac si dicatur per Cererem ut ecastor, edepol; alii
eccere pro ecce positum accipiunt; aber das verschlägt wenig
gegen andere Erwägungen, die hier anzustellen sind. Des
P a u l u s Ableitung von *Ceres* hat nur P a u l i in Kuhns Zeitschrift XVIII 27 gebilligt; aber kaum dürfte der genannte
Gelehrte versucht haben, praktisch die Etymologie zu verwerten, er hätte über die Schwörerei selbst ·lächeln müssen
(vgl. Z. f. ö. G. 1888, p. 506, über *pol*). Besser scheint C u r t i u s'
Annahme (dieser und nicht V a n i č e k ist der Urheber, wie
H. K ö h l e r p. 16 sagt), dass *ecce* und *eccere* sich verhalten
wie activer und medialer Imperativ, wie ἴδε — ἰδού, wie *lege* —
legere. V a n i č e k trägt diese Theorie mit Emphase vor; aber,
du lieber Gott, er und C u r t i u s haben ersichtlich nicht bedacht,
dass die Schlussilbe in dem Worte lang ist. Vgl. Amph. 554:
 mihí praedicás § e c c e r é, iam tuátim.
Damit fällt ihre Theorie. Am nächsten kam R i b b e c k der
Wahrheit, der *rē* als *rēm* mit Schwund des Auslauts fasste.
Aber wozu denn solche Kühnheiten, wozu das alles? Hier
heißt eben *rē* nichts, als was es sonst heißt, es ist A b l a t i v
von *res* und heißt „in der That", „thatsächlich", „wirklich"
(hos non r e, *sed opinione esse* C i c e r o, *nominibus differre,* r e
congruere C i c e r o). An allen Stellen, die mir erreichbar sind
(B r i x trin. 386), hat es eben nur diese Bedeutung. Ich will
nicht alles ausschreiben — ich hoffe, man wird mir auch so
glauben — und begnüge mich mit einem Beispiel. P h o r m.
II 2, 5:
 § *óbsecro te? §* si *rogabit —* § *ín te spes est?* § *éccere!*
„wahrlich", „in der That", wie jedermann sieht mit vorauf-
gehendem *ecce*. Auch hier also kein Wort, keine Worteinheit,
nur ein Zusammensprechen getrennter Wortkörper.
 Und darum ist es wichtig, dass die Hss. eben vielfach
nicht für Zusammenschreibung, sondern für Trennung der Wörter
eintreten. So hat an der Amphitruostelle B *ecce rei‿am* (d. h.
re iam), DEI missverständlich *ecce reiam*. Mil. glor. 207 BC.
ecce rē. Ich halte die Trennung für richtiger und würde überall
ecce rē zu edieren vorschlagen.
 So bleibt allein *ecce*. Was bisher an Etymologien versucht
wurde, ist alles verfehlt. H a n d s Deutung (vgl. P o t t, Etym.
Forsch. II 1, 138; B r é a l, p. 78; P a u l i, KZ, XVIII, 37),
ecce aus *en-ce* entstehen zu lassen, scheitert an der von R i b-
b e c k (Partikeln 42 f.) vorgebrachten Analogie von *hunce,* aus
dem eben nur *hunc* und nichts anderes wird, scheitert aber
noch mehr an der Quantität und daran, dass deictisches *ce* eben
nur am deictischen Pronomen, sonst nirgends zu finden ist.
R i b b e c k selbst dachte an ein indefinites Pronomen, wie es
in e c - *quis,* e c - *quid* vorliegt. Seine sonstigen Ausführungen
sind verkehrt, das Pronomen lautet nach J o h. S c h m i d t s
überzeugenden Nachweisen *ed* (vgl. *ede-pol,* Z. f. ö. G. 1888,

S. 506) hochdeutsch *et* in den Formen et*liche*, et*was*, et*wa*, et*wer* („*epper*", „*eppes*" im Dialect). Allgemein hat man Rib-becks Deutung abgelehnt, mir ist sie vor allem darum unannehmbar, weil ich es für einen Nonsense halte, an ein indefinites Pronomen ein deictisches Pronominalsuffix zu hängen. Was soll denn das heißen? Ich verstehe, was *ούτωσί*, *τχδί* sagen wollen, was *ήμωσγίπωσί* sein könnte, verstehe ich nicht, halte ich für die reine Utopie. Und damit ist auch Corssen (II² 1026) zurückgewiesen, da der Determinativstamm *i* zu bedeutungsschwach ist, deictische Suffixe zu tragen. Corssen musste zuerst Formen wie **eos-ce*, **eas-ce*, **eis-ce*, **eun-ce* anderswo als bei Virgilius Maro 170, 4 H nachweisen, ehe man ihm sein *e-cce* (sic!!) glauben konnte. Er konnte sie nicht nachweisen, weil sie unnatürlich sind.

Hauptgrund aller dieser Irrthümer ist die vertrackte Aussprache „*ekze*". Sie allein führte zu der Annahme von Zusammensetzung. Hätte man richtig „*ekke*" gesprochen, man wäre auf das *ce* sein Lebtag nicht verfallen. Curtius nun, der richtig „*ekke*" sprach, suchte das Wort stammhaft mit *oculus* zu verbinden (Schema: *tegere — toga — togula = *ecere — *ocus — oculus)*, so dass es ein isolierter Imperativ wie *ιδέ*, *ιδού* sein sollte. Begeistert stimmt Vaniček a. a. O., sehr zweifelnd Hintner (Kl. Wört., p. 55) bei, völlig ablehnend trat Pauli a. a. O. entgegen mit Hinweis auf das sonst nirgends belegbare E der Wurzel *ak*, mit Hinweis auf die Unmöglichkeit der Verdoppelung des *c* zu *cc*. Das heißt die Quantität stand im Wege*) ebenso hier, wie bei *eccerē*.

Zur Sache also!

Saalfeld hat zuerst die Hauptkriterien für Annahme von Lehnwörtern zusammengestellt und mit Beistimmung von W. Schmitz (Jen. Lit.-Ztg. 1874, p. 318) sich für die Annahme eines Lehnworts entschieden, „wenn ein lateinisches Wort aus lateinischer Wurzel nicht hergeleitet werden kann ... oder wenn von demselben lateinischen Wortstamme fast keine anderen oder doch nicht viele Ableitungen gefunden werden". Der pedantischen Form entkleidet heißt das kurz: unproductive Wörter sind entlehnt. Nichts ist unproductiver als *ecce*, und ganz so wie *ἄπαγε* als *apage* durch die Komödie ins Latein eindrang, ganz so, behaupte ich, decken sich

ECCE (bei Plautus auch ECE) und "EXE.

Lautlich ist diese Gleichung unanfechtbar, da der Ersatz der griechischen Affricata durch Doppelmuta im Latein ganz usuell ist: *Acceruns = Ἀχέρων* (Spengel, Plaut. Kritik, p. 69), *bracchium = βραχίων*, *mutto = μύθων* (Dunkle Wörter, I, p. IX), *struppus = στρόφος* u. a. m. Syntaktisch aber wird sich die Identität der

---

*) Unrichtig natürlich ist: *ēcce* (Georges ¹); Gröber, Archiv II 277 hätte aber davon keine Notiz nehmen sollen. Georges bezeichnet mit dem Längezeichen bloß die metrische Verwendbarkeit. Auch *āceruns*, z. B. bei Georges ¹ ist falsch; nur *ăceruns* ist richtig; *cc* ist lediglich Vertreter der Affrication *(kh)*, der Vocal bleibt kurz. Vgl. Ter. Phorm. 557 *sed ēccūm* v. a. m.

Formen gleichfalls erweisen lassen. Nur gestatte man mir, weiter auszuholen.

Die Isolierung von Imperativformen ist im Griechischen, wie überall, häufig. Am bekanntesten sind in dieser Hinsicht ἄγε und ἄγετε als vorläufige Andeuter imperativischer oder conjunctivischer Prädicate schon dem homerischen Zeitalter mundgerecht, wie auch später ἄγεαι, ἴθι, φέρε, ἰδέ, ἰδού. Die ursprüngliche Construction, wie ἄγε δὴ φέρ', οἶνον, ὦ παῖ lässt die Isolierung im Numerus zu bei pluralischer Anrede ἀλλ' ἄγε μίμνετε πάντες B 331 ἀλλ' ἄγε .. μάντιν ἐρείομεν A 62. Der griechische Gebrauch dient dem lateinischen als Vorbild; age und agite sind nicht auf lateinischem Boden unbeeinflusst von den griechischen Vorbildern erwachsen, sondern sie sind bewusste Nachbildungen der griechischen Wendung. En age, rumpe moras Verg. geo. III 43 diene als Beispiel einfachster Form. Daneben, wie im Griechischen, Isolierung inbezug auf den Numerus: age nunc consideremus Cicero pro Rosc. Am. 103, mittite agedum legatos Liv. XXXVIII 47.

Es verdient aber nachdrücklich hervorgehoben zu werden, dass dieser Sprachgebrauch auf italischem Boden über die Grenzen der griechischen Vorlage hinauswuchs, dass die Ausdrucksform von dem Lateiner auch auf Fälle übertragen wurde, wie sie im Griechischen nicht gleichgeartet auftreten. So leitet Cicero in der Miloniana den Concessivsatz mit age ein: age, sit i'a factum; quae causa, cur Romam properaret? ja Livius nimmt keinen Anstand durch ein eingeschobenes age selbst den indicativischen Erzählungssatz zu schattieren I 57: incaluerunt uino, age sane, omnes citatis equis aduolant Romam. Es zeigt sich hier also eine Weiterbildung der Sprechform in der Richtung, dass die Isolierung sich nicht bloß auf den Numerus erstreckt, sondern dass sogar das Bewusstsein der imperativischen Natur des Wortes dem Sprechenden schwindet.

Die hier geschilderten Verhältnisse kehren bei ἔγε in völlig gleicher Weise wieder. Den Gebrauch von ἔγε im Griechischen hat mit richtiger Einsicht Ast zu Protag. 349 D. Hermann zu Viger. 207 erläutert. Zunächst fällt für die Identificierung von ecce mit ἔγε der Umstand schwer insGewicht, dass hüben wie drüben die Wörter nur einer, und zwar ganz derselben Literatursphäre angehören. Auf griechischem Boden erstreckt sich die Verbreitung von ἔγε über die Komödie und die platonischen Dialoge, also kurz gesagt über die Literaturkreise, welche sich Nachahmung der Sprache des gemeinen Lebens zur Aufgabe stellen. Die höheren Gattungen, wie Tragödie, Epik oder historischer Stil weisen den ersichtlich vulgären Gebrauch a limine ab. Und ganz dasselbe sehen wir im Latein. Ich lasse Köhler (p. 17) reden: „Seiner ganzen Natur nach gehört ecce dem Bereich der Umgangssprache an .....
Dagegen hat sich der historische Stil spröde gegen das Wort verhalten u. s. w." Man könnte dieselben Worte von ἔγε gebrauchen.

Was weiterhin die Bedeutung von ἔχε betrifft, so übersetzt A s t a. a. O. richtig mit deutschem „halt“. Wenn dieses,
ursprünglich ein Einhalten, Anhalten bezeichnet hat, so sank
es tekanntermaßen im Laufe der Entwicklung zu einem ganz
allgemein die Aufmerksamkeit erregenden Satzeinschub herab.
Wir in Österreich können das täglich tausendmal auf allen
Gassen hören. Die volle Klarheit des grammatischen Verhält-
nisses liegt vor in: „Halt, geh mit mir.“ Begrifflich geschwächt:
„Geh halt mit mir!“ Im Numerus isoliert: „Geht halt mit mir.“
Mit völlig unterdrückter Imperativbedeutung: „Sie sind halt
krank.“

In seiner Intention sagt das Wort nichts anders als „merk
auf“ und deckt sich also buchstäblich mit dem französischen
tiens und tenez. Selbstverständlich genügte ein Verweis auf
Littré s. u. tenir p. 2181; aber für den nächsten Zweck augen-
blicklicher Vergleichung sei es doch gestattet, ein paar Beispiele vorzuführen, wie Molière Dépit am. IV 4:

Tiens, tiens, sans y chercher plus de façon voilà
ton beau galant de neige avec la nonpareille!

Auch hier die Intention des vorläufigen Aufmerksammachens
wie bei ἔχε und „halt“. Man wird daher Racine, Bajazet V 4

Tiens, perfide, regarde et démens cet écrit!

mit vollem Rechte übersetzen dürfen:

ecce, hóc respecta scríptum, nequam, et ábnega!

Oder wenn es in der Andromaque V 5 heißt:

Tiens, tiens, voilà le coup, que je t'ai réservé,

so zweifelt wohl kein Franzose, dass dies so wiedergegeben
werden darf:

ecce, ecce, plaga, quám reseruaui tibi.

Dem pluralischen tenez kann man allerdings ein ἔχετε
(*eccite) nicht an die Seite stellen; aber nach Ausweis eines
ἄχε μίμνετε darf man Molières Vers école des femmes V 4

Tenez, tous vos discours ne me touchent point l'âme

etwa so umbilden:

ecce autem sermónes uestri mi ánimum nilum tétigerunt.

Doch zurück zu unserem ἔχε. Was dessen syntaktische
Verwendung betrifft, so steht es Imperative vorbereitend wie
ἔχε. Vgl. Aristoph. εἰρ. 1193:

ἔχ' ἀποκάθικε τὰς τραπέζας ταυτηί

oder Jon 535 B ἔχε δή μοι τόδε εἰπέ. Als Variation erscheint
hortativer Conjunctiv Cratyl. 435 E ἔχε δή ἴδωμεν. Für dies-
Gebrauchsweise sind die lateinischen Analogien spärlich, aber
hoffentlich ausreichend, wie Ovid met. XII 130 aspice uultus
ecce meos! oder Cicero ad. Attic. II 7, 19 ecce tibi accipe
litteras!

Vergleicht man aber Pl. Amph. II 2, 118 Sosia age huc
me aspice und 146 age aspice huc, sis, nunciam mit dem
soeben aus Ovid angeführten Beispiel, so zeigt sich auch hier,
wie richtig Priscian urtheilt, wenn er in ecce den Begriff
des Sehens nicht ausgedrückt findet.

Die zweite häufigere Gebrauchsweise von ἔχε ist die, dass es allein, völlig isoliert, in den Satz gestellt ıst (oft mit δή verbunden). Ich nenne Protag. 349 D: ἔχε δή, ἔφην ἐγώ. ἄξιον γὰρ ἐπισκέψασθαι ὃ λέγεις oder Gorgias 490 B ἔχε δὴ αὐτοῦ „da halt einmal" = „pass hier auf" und Cratylos 439 A ἔχε δή, πρὸς Διός. τὰ δὲ ὀνόματα οὐ πολλάκις ὡμολογήκαμεν εἶναι εἰκόνας τῶν πραγμάτων;
Will man diese Stellen richtig übersetzen, so wird man *ecce* zu wählen haben. Ast, dessen feiner Sprachsinn auch sonst überall hervortritt, empfahl a. a. O. ἔχε δή mit *agedum* zu übertragen. Ich appelliere an das Sprachgefühl des Lesers, ob nicht *ecce autem* noch besser ist: *ecce autem, inquam; namque haud indignum est diligentius ea perpendere quae dicis* oder *ecce autem; nonne saepius diximus nomina esse rerum imagines?* Ich halte diese Übersetzung für die passendste; denn dies ist die Form der Satzgebung, welche direct in die lateinische Sprache — höchstwahrscheinlich durch die Schule, und zwar die Akademiker! — Eingang fand, die Form der classischen Sprache, die dem *ecce* keinen wie immer gearteten Einfluss auf die Satzgestalt zugesteht, sondern es lediglich als Einschub fasst: ecce, *trahebatur Priameia virgo* Aen. II 403 *Gyas revocabat et,* ecce, *Cloanthum respicit.*
Da durch dieses *ecce* ein neues, handlungförderndes Moment vorläufig angedeutet wird, stellt sich *autem* gerne dazu. Die ciceronische Prosa bietet reichliche Beispiele, wie Verr. act. pr. 17, 21, Verr. IV 148, Cluent. 14, Verr. V 87 *Cleomenes totos dies perpotabat, ecce autem, repente nuntiatur piratas adesse.* Da aber hierin der zuvor geschilderte Zustand plötzlich abgebrochen erscheint, begreift man Stellen wie Hor. s. I 9, 60 *haec* dum *agit, ecce, Fuscus Aristius* occurrit, Livius II 36, 7 *haec* cum *enarrasset, ecce, aliud miraculum.* Hier hat (was gegen Köhler, p. 28 f., zu erinnern wäre) *ecce* auf den Vordersatz gar keine Beziehung, die Satzgestaltung bleibt völlig gleich, ob *ecce* dasteht oder nicht. Häufig genug wird auch sonst um des drastischen Effects willen die Satzbildung nach *ecce* ohne Verbum durchgeführt, Cic. Phil. II 82: *nihil ipse poterat, omnia rogabat, beneficia a collega petabat; ecce, Dolabellae comitiorum dies, sortititio praerogatiuae: quiescit.* Auch hier hat *ecce* nichts mit dem Satze zu thun, weder sprachlich, noch grammatisch.*)
Ich breche ab, denn ich will hier nur die Gleichung ἔχε = *ecce* vertreten. Ich hoffe sie hier bewiesen zu haben, füge aber gleich noch einmal hinzu, dass der Gebrauch von *ecce* über den von ἔχε selbstredend hinausgeht, da die Begriffszirkel sich in den anderthalb Jahrhunderten von Plato zu Plautus erweitern mussten. Auf griechischem Boden betrachten wir die Anfänge der Entwicklung, der griechische Schulmeister brachte

---

*) Wie wenig grammatische Schärfe H. Köhler hat, zeigt besonders S. 32 seine Bemerkung über indirecte Fragesätze. die von *ecce* abhängen sollen, aber im Indicativ stehen. Das nennt man hoffentlich directe Fragesätze und sie hängen eben von *ecce* nicht ab: ecce, *quid tibi dicit?*

die Formel nach den italischen Landen, und hier erwuchs ein
weitverzweigter Gebrauch, der bis in die romanischen Sprachen
fortwuchert (G r ö b e r, Arch. II 277). Somit zu etwas anderem!
SCUTICA oder SCYTICA nach Fest. 333, 21 M und cod.
Pith. bei Juvenal VI 480 lehnte F e s t u s s. u. *scorteum* ans
Griechische an. Σκῦτος; *enim Graece pellis dicitur, unde* s c ȳ-
t i c a e *et* s c ū t a. Ihm folgt G e o r g e s [7], obwohl die Quantität
gegen ihn spricht. Seit J a c o b s zur Anthol. 131 gibt es kein
*σκύτος; mehr. V a n í č e k 1115 richtete erst recht einen treff-
lichen Wirrwarr an; man vergleiche selbst, was dort auf fünf
Zeilen (12—8 v. u.) für ein Durcheinander steht. Das Alterthum klärt auch hier völlig auf. M a r t i a l X 62, 8 wünscht
einem Schulmeister und seinen Marterinstrumenten glückliche
Ferien:

cirrata loris horridis S c y t h a e p e l l i s
qua uapulauit Marsyas Celaeneus
ferulaeque tristes, sceptra paedagogorum,
cessent et Idus dormiant in Octobres . . . .

um mit dem goldenen Satze zu schließen, der allen Erziehern
Tag für Tag in den Ohren gellen sollte:

a e s t a t e p u e r i s i u a l e n t, s a t i s d i s c u n t!

Man hat erkannt (Friedl. z. Stelle), dass der erste Vers
die *scutica* meint, aber man hat versäumt, die Gleichung *scutica*
= Σκυθική aufzustellen und etymologisch zu verwerten. Die
„r u s s i s c h e K n u t e“ also war der alten Welt schon bekannt.

EXCETRA ist ein Wort, das bislang ungelöst blieb.
Was ich darüber anderswo finde, genügt nicht. Wenn nämlich
S e r v i u s z. Aen. VI 287 das W o r t auf *excrescere* zurückführen
will, weil der lernäischen Hydra die Köpfe nachwuchsen, so
ist das eben Scholiastenweisheit. Andere (z. B. de V i t) dachten
an den gleichen metaphorischen Gebrauch von ἔχιδνα (vgl. Aesch.
Choeph. 247) und wollten beide Wörter identificieren, ohne
dass ein Absehen wäre, wie.*) Zerfällt man das Wort in seine
Theile e x - c ē t r a, so dürfte (trotz der Quantitätsverschiedenheit
c ī t r a **) das letztere Wort eigentlich Schild bedeuten und ein
Ersatz für ἀσπίς sein; denn wie das Vorgebirge *Aspis* bei
Carthago in römischem Munde *Clupea* ward, so trat *cetra*
in irgend einem Dialect als Schildnatter (ἀσπίς) auf; *Cetra*
allein würde man nun leichthin mit S c h i l d n a t t e r, V i p e r
zu übersetzen geneigt sein, wenn nur das *ex* keine Schwierigkeiten machte. Gedenke ich aber der mannigfachen Thiernamen,
die Zusammensetzung von g e n u s und s p e c i e s sind, wie
„Vogelstrauß“, „Vogelgreif“, *spint-urnix, cot-urnix* (Archiv V
536), *o-tard (auis tarda,* L ö w e, Arch. I 33) *au-truche* = *aui-
struthio,* span. *avechucho,* G r ö b e r, Arch. VI 378 u. a. m., so

---

*) H. R ö n s c h, Z. f. ö. G., 1887, p. 511, widerruft seine Deutung aus
*ἰσκύθρα (Berl. phil. Wochenschr.) auf Grund einer Notiz in Bezzenbergers
Beiträgen (a. O.), die aber das Wort eben auch nicht e r k l ä r t.

**) Die Schreibung *caetra* sagt ebensowenig wie die Schreibung *caedros*
(κέδρος). Placid. 18, 12. W a g n e r, Orthogr. Vergil. p. 149.

wird sich die Vermuthung Bahn brechen, dass *ex* hier eben nicht Präposition, sondern Substantiv ist, identisch mit ind. *ahi*, gr. ἔχις. Ob das Wort ursprünglich lateinisch oder entlehnt ist aus dem Griechischen, weiß ich nicht zu entscheiden. Denn eine Nominativbildung EX, *ïcis* ... ist auf lateinischem Gebiete wohl möglich. Ebenso kann aber auch entlehntes *ecis* in alter Aussprache (vgl. *echis*, Plin. XXII 24, 1; *echites*, Plin. XXIV 89, 1; XXXVII 72, 1) ganz wohl durch Rückbildung zu *ex* zusammenschrumpfen *(scrobs = scrobis*, Prisc. 7, 40; *trabs = trabes*, Varr. sat. 391 u. a.), zumal da der Anklang von *ex = ἔξ* so leicht dazu verführt. Das *ex* ist also erstarrter Nominativ (vgl. Z. f. ö. G., 1890, p. 301 über *clax-endix)*, erklärbar durch Wendungen, wie die Anrede *ex cetra tu*, Plaut. Cas. 644, Pseudol. 218, du „Schlangennatter". Erst nachdem in solcher Verbindung *ex* erstarrt war, entstand Cicero s ⟨tusc. qu. II 9) Vers:

haec dextra Lernam tetrā mactatā e x c e t r ā
placauit.

VEREDUS hatte mich lange beschäftigt und war nach vieler Mühe mir endlich klar geworden, als Wölfflin s Aufsatz im Archiv VII 319 ff. erschien und mir die Resultate größtentheils vorwegnahm. Ich kann mich daher kurz fassen. Wölfflin-Rittweger haben bewiesen, dass *veredus* von *rehere* und *reda* nicht kommen kann, vor allem darum, weil der *rertdus* eben stets ein Reitthier, kein Wagen pferd ist. Sie haben weiter darauf aufmerksam gemacht, dass das Wort nicht erst bei Martial XII 14, 1 vorkommt, aber das Zeugnis des Verrius Flaccus nicht hinlänglich ausgenützt; denn nicht bloß Isidor (XII 1, 55), schon Verrius Flaccus schrieb das Wort „alter Zeit" zu: *veredos* antiqui *dixerunt, quod veherent redas. Antiquus* aber bei dem Festus will viel sagen! Vgl. *sos pro eos antiqui dixerunt* mit Beispielen aus Ennius; *rauim antiqui dicebant pro raucitate* (Plautus, Caecilius; *quadrantal uocabant antiqui* (Plautus, Cato) u. a. m. Es ist also falsch, wenn Wölfflin das Wort dem augusteischen Zeitalter zuweist und es in dem Munde des Verrius Flaccus denkt. Viel älter, ennianisch-plautinisch ist es, und wie so oft deckt sich auch hier altes Latein mit dem Spätlatein; denn hier wuchert das Wort und treibt seine Ableger im celtischen (cymr.) *gorwydd* (Thurneysen, Celtorom.) wie im Deutschen „*Pferd*". Die Griechen fassten das Wort fremd und ungefüge an; Joh. Lydus de mens. I 28 schrieb es βέρηδος, um die Länge zu bezeichnen; dem Procopius Vand. I 16 genügte bereits die Accentversetzung βερέδοι, wie er ja ganz ausdrücklich fremdes Gepräge in dem Worte erkennt τινὰ τῶν εἰς τὰς βασιλικὰς ἀποκρίσεις ἀεὶ στελλομένων, οὓς δὴ βερεδαρίους καλοῦσι Vand. I 16.

Wenn man aber diese Entlehnung so denkt, dass der Grieche sein βέρηδος vom lat. *verēdus* entnahm, so ist das für die Spätzeit vielleicht richtig; aber als der alte Schriftsteller, den Verrius Flaccus auszog, das Wort aufnahm, hatte er

es augenscheinlich durch griechischen Mund zugetragen bekommen, und genau so wie *Veronica* durch das macedonische
Βερονίκη zu dem gemeingriechischen Φερενίκη leitet, genau
so bildete sich *reredus* durch βέρχιδος; von dem semitischen
p h e r e d פֶּרֶד, über dessen Vorkommen in der Bibel mir College
G r a u b a r t folgende Zusammenstellungen gibt: „Es kommt als
Reitthier der Vornehmen zuerst unter David vor, gebraucht
von den königlichen Prinzen (Sam. II 13, 29); Absalon kommt
durch die Schnelligkeit seines Renners um (ibid. 18, 9). David
hat ein weibliches Reitthier, das er dem Salomo bei der
Krönung überlässt (reg. I 1, 33, 38, 44). N e b e n e d l e n
R o s s e n wird es am Hofe des Ahab von Israel gehalten
(reg. I 18, 5), unter Joram wird es zu Damaskus als Last-
thier erwähnt (reg. II 5, 17): Seine Heimat ist nach E z e c h i e l
XXVII 14 Armenien oder Scythien. Fr. D e l i t z s c h will den
Namen aus dem assyrischen *paridu* „ungestüm" ableiten."*)
      P h e r e d ist also im alten Testamente wahrscheinlich das
Maulthier. H i e r o n y m u s übersetzt daher an allen den ge-
nannten Stellen *mulus*, resp. *mula*, nur reg. II V 17 blieb er
(nach der Itala??) bei dem vulgären *burdo: ut tollam onus
duorum* b u r d o n u m *de terra*. Dass der Name in fremdem
Lande auf das Pferd übergieng, ist keineswegs sonderbar,
auch *canterius* heißt eigentlich Maulesel (κανθήλιος; ὄνος Arist.
Lys. 290) bezeichnet in classischer Zeit den Gaul (L u c i l i u s,
C i c e r o, L i v i u s), um bei T e r t u l l i a n wieder Maulesel zu
werden (ad nat. 1, 14). Was aber
      BURDO betrifft, so erkenne ich darin eben auch nur
eine vulgäre Nebenform der ganzen Sippe von *phered*. Die
Identität verbürgt I s i d o r XII 1, 60 b u r d o *ex equo et asina*.
Näher an *reredus* liegt die Form *burdus* bei Acro zu Hor. od.
III 27, 7; *burdo* ist ersichtlich durch griechischen Mund gegangen, das zeigt das Anwachsen der griechischen Koseendung
ῦ, ῦνις. Z. f. ö. G. 1890, S. 722 ff., habe ich nämlich gezeigt,
dass diese Endung überhaupt nicht lateinisch ist. Damit stimmt
auch das *burdubasta* bei Petron 45, 11, denn obwohl dessen
Bedeutung nicht feststeht, so erinnert der zweite Bestandtheil
doch an griechische Etyma βαστάζειν, βάσταγμα, wovon ja sicher
auch *basterna* und *bastum (bastone, bâton)* stammt. G e o r g e s[7]
erklärt sicher falsch „ein lendenlahmer Esel". Ich verstehe
darunter einen „Eselreiter", der richtige Schimpf für die
„equites", welche N o r b a n u s auftreten ließ.
      AMUSSIS beschäftigte schon die Alten. Paulus F e s t i:
amussim: „regulariter", tractum a r e g u l a . . . *quae amussis dicitur.*
Er folgte V a r r o bei Non. 9, 13, einer heute corrupten Stelle,

---

*) Auf F u r r e r in S c h e n k l s Bibellexikon, s. u. Maulthier ist kein
Verlass. Speciell an den aus Esther (VIII 10, 14 u. a.) gezogenen Stellen, in
denen Reitthiere der Postboten erwähnt werden, bietet der Urtext andere,
fremde, persische Wörter. Auch H e h n[4] p. 31, 109 sagt nichts, was für unsere
Frage entschiede.

aus der sich aber deutlich ergibt (t a b u l a ... *qua utuntur ad saxa coagmentanda)*, dass V a r r o und V e r r i u s *amussis* als Schiene, Lineal auffassen. Ganz anders N o n i u s, a. a. O. *regula quam architecti rubrica inlinunt.* Ihm ist *amussis* die Röthelschnur. Den Wirrwarr voll macht der Flachkopf C h a r i s i u s (dieser, nicht S i s e n n a ist in den Lexicis zu citieren): *amussis est* t a b u l a *rubricata, quae* d i m i t t i t u r *examinandi operis gratia:* „eine mit Minium gefärbte T a f e l, welche l o s g e l a s s e n wird". Daran ist nichts zu bessern. Der Hypochonder C h a r i s i u s verdröselte eben beide Erklärungen. S a a l f e l d stellt, Lautges. p. 11, die Gleichung auf *ἁρμόξις = amussis*. Dies ist undenkbar. Zuerst ist *ἁρμόξις kein griechisches Wort, es gibt nur ein ἁρμόσις, welches aber andere Bedeutung hat (Zusammenfügung); zweitens die Gleichung Ξ = ss ist für die alte Zeit unbelegbar; drittens, wie konnte das *R* in dem Worte schwinden, da doch *harmamaxa*, *Harmodius*, *harmonia* stets ihr *R* beibehielten? Ich halte auch dieses Wort für ein semitisches Lehnwort. Bekanntlich ist eine Reihe von Ausdrücken der Bautechnik überhaupt semitisch. Zu ihnen gehört auch *amussis*. Das biblische Hebräisch hat *ama* אַמָּה in der Bedeutung von Maßstab, Elle (genes. VI 4 ff. exod. XXVI 2 ff. u. sehr oft). Im Munde des Volkes lautet das Wort אַמְתָא *amatha*, besonders in den Verbindungen *amath-habinjan*, aramäisch *amatha debanaia*, wofür College G r a u b a r t auf Talm. babyl. tract. sabb. fol. 36 verweist.

Bewiesen wird meines Erachtens der semitische Ursprung des Wortes durch die Nebenform *emussitatus* (Paul. ex Festo 76, 8; Placid. Gl. 42, 5; Plaut. mil. 632; vgl. Löwe prodr. 284), da derartiger Lautwandel auf lateinischem Boden ebenso unerhört, ja undenkbar, wie auf semitischem häufig ist. Vgl. *Hanoch* — *Enoch, Asthar* — *Esther, arrhabo* hebr. *erabon* (עֵרָבוֹן), *Amorrhaei* Genes. XV 21 neben hebr. *Emori* (אֱמֹרִי) u. a. m.

Da nun das semitische *th* bisweilen lateinisch-griechischem scharfen *S* entspricht, wie die Gleichung *athon* אָתוֹן *asinus* oder *birtha* בִּירְתָא Βύρσα (sprich *birssa* und vgl. die Burg *Baris* in Jerusalem) zeigen*), so wird der Übergang von dem volksthümlichen *amatha* Richtscheit zu dem Richtscheit *amussis* sich durch die Aussprache *amassa* vollzogen haben. Dass der Vocal sich verdumpfte, wird ersichtlich der Analogie von *quadr-ussis*, *dec-ussis, cent-ussis* zu verdanken sein; kaum dürfte an die heutige polnisch-jüdische Aussprache *amoss* zu denken sein.

Der eben besprochene Wechsel von ϑ und *ss* in Lehnwörtern führt mich zur Behandlung eines allerdings nur glossographisch überlieferten

---

*) Nicht gleichgeartet, aber vergleichfähig sind auf griechischem Sprachgebiete der Wechsel von ϑ und σ in ζυρθόν = ζυρσόν, 'Αθηνᾶ = 'Ασάνα, θία = σία, βοθός; — βοσσός u. a. m.

CIMUSSA. Die latein.-griechischen Glossen (Labb.) weisen für dieses Wort zwei Bedeutungen auf: σικύα und ψιμύθιον. Mit jener weiß ich nichts anzufangen; aber soviel steht mir fest, dass in *cimussa* : ψιμύθιον, *cimussator* : ψιμυθιστής Lehnwörter aus dem Griechischen vorliegen. Nur ist *simussa*, *simussator* zu lesen, ganz wie ich (Dunkle Wörter, p. 7) das hsl. *cilotrum* als *silotrum = psilothrum* richtig gedeutet habe, ganz so wie das richtige *bonasus* bei Plinius VIII 40 durch Missverstand von BONACOC in den Solinhandschriften 40, 14 ein lächerliches *bonacus* gab, welches aus den Lexicis zu entfernen ist. Curtius Etym.[3] 648 stellt eine Reihe von Formen zusammen, in denen anlautendes ψ dialectisch durch σ vertreten ist. Zu ihnen gehört nun eben auch der Stamm ψιμυθο.., der durch *σιμυθο.. lateinisch zu *simussa* führte (sprich *ssimussa!*). Die wörtliche Entlehnung von ψιμύθιον ist also *psimithium* Plin. XXXIV 175 u. a., daneben steht ψιμυθος = *simussa*, wobei für den Geschlechtswechsel nur auf Parallelen wie κηρός — *cera* zu verweisen wäre. Daneben hat späterhin CERUSSA die gleiche Bedeutung von Bleiweiß. Aber es ist grundfalsch, wenn die Wörterbücher den Gang der Bedeutungsentwicklung festhalten, dass sie von dem Mineralstoffe ausgehend dann metonymisch die weiße Schminke durch das Wort bezeichnen lassen. Richtig und historisch nachweisbar ist allein der umgekehrte Weg. *Cerussa* spiegelt ein unbelegliches *κηρόεις, *κηρόεσσα, *κηρούσσα wieder, völlig entsprechend dem von mir in den Wiener Studien 1891 geführten Beweis, dass die Endung *ūsus (ūsus)* im Latein auf griechische Feminina zurückgeht, wie *Pharmacussa (cosa), Pityussae (osae), Hyelussa, Arginussae* u. s. w., zu denen durch Hypostase das Masculinum und Neutrum entstand, wie zu ζηλοῦσσα γυνή (zālōsa *mulier*) der zālōsus *maritus*. So stehen nebeneinander cerussa als Vulgärform festgehalten und das ungleich gelecktere *mel cerosum* des Plinius XXXII 13, 2. Da man nun die weiße Schminke aus Wachs herstellte, wie Lucilius zeigt (A. P. XI):

ἠρεσκόσα; πλοκάμους φύκος, μέλι, κηρόν, ὀδόντας,

so heißt *cerussa* allein zuerst „wachsig", nämlich bei Nouius (Non. 218, 31): *inlino* cretam cerussam, *purpurissum*, an welcher Stelle aller Wahrscheinlichkeit nach das Wort *cerussa* noch Adjectiv, *creta* Substantiv ist; da ersichtlich der Begriff der weißen Schminke nicht doppelt ausgedrückt war. Substantivisch isoliert wird es dann „weiße Schminke" überhaupt, Plaut. most. I 3, 101:

§ *cédo cerussam!* § *quíd cerussa opus nám?* § *qui malas óblinam.*

Daraus wurde durch Metonymie erst sehr spät das Wort auf den Begriff „Bleiweiß" übertragen, wofür als älteste Stelle Plinius XXXIV 54, 1 anzuführen ist. Vor ihm steht *cerussa* und alle Ableitungen nur in der Bedeutung von Schminke und geschminkt.

CERUSSATUS will man zuerst aus Cicero in Pis. 11 nachweisen. Georges[7] erhebt Einsprache und will anders

lesen. Aus dem hssl. *erant illis compti capilli et madentes cin-
cinnorum fimbriae* et f l u e n t e s p u l s a t a e q u e *buccae* sucht
er *purpurissatae* zu gewinnen, audacius, credo, quam verius.
Zunächst muss et f l u e n t e s als Glossem zu e t m a d e n t e s
völlig beseitigt werden, dann aber steht PULSATAE sicher
statt eines verlesenen RU*S*ATAE (Tertull. de cor. mil. 1);
russus kannte ja schon E n n i u s.
CACHINNARE wollte F u r l a n e t t o auf das hebräische
שַׂחֵק zurückführen, was als Curiosum erwähnt sei. Die neuere
Zeit vergleicht ganz allgemein καγχάζω Theocr. V 142. κακχάζω
Hesychius, καγχάζω Plat. Euthyd. 300 D; vgl. C u r t i u s Et. ⁵
440, V a n i č e k 101 u. a. m. Ich leugne den Anklang und die
Begriffsübereinstimmung keineswegs; aber ich frage: Ist mit
dieser Etymologie (die recht betrachtet doch nur ein Rest der
abgestandenen onomatopoëtischen Theorie ist), die Form des
Wortes erklärt, oder auch nur erklärbar? Gut, in *cachinnus*
bedeute das *cach* zugestandenermaßen das Lacheu; ich frage aber
weiter: was ist der *innus?* Nun ich glaube, darauf müsste
eben jeder ἴννος ganz von selbst verfallen, wenn er nur die
zwei Verse vergleicht, welche ein und derselbe Dichter schrieb:
.... *tibi* t o l l i t h i n n i t u m
apta quadrigis equa ....
wo das Wort in seiner natürlichen Bedeutung steht und:
Romani t o l l e n t *equites peditesque* c a c h i n n u m,
wo es Metapher ist. Kurz und gut: *cachinnare* ist zusammen-
gesetzt, es verbindet den Stamm von καγχάζω mit dem von
hinnire; cachinnus heißt „Lach-wiehern", das ist buchstäblich
unser „wiehernde Gelächter". Vgl. Lucil. ap. Non. 103, 24. *)
Aber schon L u c r e z hat den zweiten Wortbestandtheil nicht
mehr klar gefühlt, da er IV 1169 *furtimque cachinnant* für
unser „Kichern" verwandte. So ist es ja auch in des A c c i u s
Anapä-ten *de sono vehementiore* gebraucht (Non. 463, 12 M),
wenn diese gleich unheilbar verstümmelt sind (vgl. Luc. M ü l l e r
de Accii fabulis, p. 59); aber C a t u l l. LXIV, 272 übersetzte
damit das äschyleische κυμάτων .... γέλασμα : *leuiterque sonant
plangore cachinni.* Ich schließe für diesmal mit einer Betrachtung über
DIE PRAEPOSITION κατά IM LATEINISCHEN. Da
ich nämlich in dem vorjährigen Theile dieser Schrift (p. XXV,
Note) die Reste von ἀνά auf lateinischem Sprachboden zusammengestellt habe, erwüchse mir die Pflicht, etwaige Reste von κατά
aufzustöbern, auch dann, wenn der Gang meiner Studien mich
nicht von selbst dazu führte. Ich denke dabei natürlich nicht
an jenes entlehnte *cata,* welches ins Kirchenlatein eindringt
(cata mane Ezech. 46, 14 vulg., *cata Lucam* Zeno) und in der

*) Das verderbte Lemma daselbst habe ich auf Grund von H, schon
vor 8 Jahren richtig gestellt *cluuit, [c]maculauit,* die L-ydner Glossen fassten
cluuit als von *linere* kommen und schrieben daher *perleniit* (d. i. *perliniit),*
polluit wie auch H marg. Aber Herr L. M ü l l e r — tenacem propositi virum! —
glaubt es noch immer nicht. Habeat sibi!

späten Volkssprache reiches Leben zeigt (Gröber, Archiv I 543), ich denke nicht an jenes *cata* in griechischen Wörtern, wie *catabasis, cataracta, cathedra*, obwohl auch hier nicht alles so klar liegt, als es scheint. CATAMPO z. Beispiel (Paulus: *genus est lusus)*, welches bei Georges [7] fehlt (Scaliger erklärt richtig κατ' ἄμφω, „zu zweit"), ist interessant genug. Aber auch CASTULA wird hierher zu ziehen sein. So lesen die Hss. bei Non. 548, 32 aus Varro: *castula est palliolum praecinctui, quo nudae infra papillas praecinguntur.* L. Müller will das Wort mit der alten Ausgabe von 1741 ausmerzen, und sagt mit vollem Rechte, dass die von Georges [7] u. a. vertretene Etymologie von καστῦ; nichts tauge. Noch weniger aber taugt das, was Vaniček S. 1238, Fröhde KZ XXIII 310 lehren. Besonders jener ist im Unrecht, die bekannte Ovidstelle am. I 5, 21 hier heranzuziehen. Denn es unterliegt doch keinem Zweifel, dass hier das griechische καταστολή vulgär *καταστολή *κασ-στολή (vgl. κασ-σύω neben *suere)* zu *castula* (vgl. *stola)* wird, wie *epistula, apostulus* u. s. w. Das neue Testament zeigt καταστολή oft, für die alte Zeit aber ist beweisend die lustige Scene in den Thesmophoriazusen 250 ff., wo Euripides den Mnesilochos als Weib verkleidet:

§ σύζωσον ἀνύσας, αἱεί νυν στρόφιον. § ἰδού!

§ ἴθι νυν κατάστειλόν με τὰ περὶ τὼ σκέλη!

Der Witz besteht darin, dass Mnesilochos sich das Busenband um die Schenkel wickeln will. Ein Hanswurstspa-s, aber er wird seine Wirkung auf die Gallerie nicht verfehlt haben. Größere Bedenken erregt CATASTA, welches man gewöhnlich mit dem griechischen κατάστασις zu erklären versucht. Aber damit ist weder die Form des Wortes erläutert, noch decken sich die Begriffe; denn κατάστασις ist Einsetzung, Wahl, Hemmnis, Zustand, Beschaffenheit. Staatsverfassung, allein wo heißt es je die Sclavenbühne?? Ich glaube sicher nicht fehlzugehen, wenn ich an ein ganz anderes Etymon denke, nämlich an *asta*, d. i. *hasta)*, ein Wort, welches geradezu die „Versteigerung" bezeichnet *sub hasta vendere* (Livius) *emptio ab hasta* (Cicero) *ad hastam accedere* (Nepos, Livius), daher im cod. Just. *subhastare* u. s. w. Ein griechisches οἱ κατ' ἄσταν ἐλθόντες wäre also ganz wohl denkbar, woraus metonymisch wohl die Sclaventribüne werden konnte. (Vgl. deutsches „unter den Hammer kommen".) Videant doctiores; denn ich denke an ganz andere, an wirklich lateinische Wörter.

Wenn κατά überhaupt im Lateinischen existiert hat, dann hieß es sicher nur *cat*. vgl. ἀπό, ὑπό, περί, παρά ... mit *ab, sub, per, por....* Wie also in gr. κάτθανε, κάββαλε, κάππεσε, κασσύω, so wäre auch lateinisch nur *cat* anzusetzen. Anteconsonantisch aber unterlag *cat* ebenso sicher der Assimilation zu *cap-, cal-, cas* u. s. w. So entstehende Formen konnten und mussten bei nachfolgender Tonsilbe die Positionslänge verlieren, vgl. *di-*

sértus, *ŏ-mítto*, *d-moénus*. Dann ergibt sich als Rückstand des
ehemaligen *cata* ein einfaches *cd.**) Ich untersuche von meinem
Standpunkte aus zunächst
CASTIGO. D o e d e r l e i n Syn. II 160 suchte das Wort
als Zusammensetzung aus *castum agere* zu deuten. Ohne ein
Wort der Erklärung stimmt H i n t n e r p. 24, Bréal p. 37 bei.
Aber die wirklich so gebildeten *rēmigo, nāvigo, gnārigo, fāmigo,*
pūrigo haben kurzes *ī*, wie *prōd-ĭgus*, **lūr-ĭgus* (d. h. *largus.***)
Woher kommt die Länge in *castīgo?* Das erklärt uns niemand.
G e o r g e s ⁷ meint: „das *i* lang aus prosodischen Gründen" ;
aber an eine solche licentia poetica glaubt man doch heutzutage nicht mehr. Am einfachsten machte es V a n i č e k. Weil
ihm das *ī* nicht in den Kram passte — es ist purer Ernst —,
so machte er es einfach kurz, notiert c a s t ĭ g a r e p. 117 und,
damit ja keine Entschuldigung bleibe, schreibt er mit Selbst-
bewusstsein S. 17 noch einmal c a s t ĭ g a r e, beidemal mit deut-
lichem Zeichen. Das ist doch radicale Sprachforschung!!
Nun aber wir, die wir über die Länge des *ī* nicht weg-
kommen, werden andere Apperceptionsgruppen suchen. Wem
fällt nicht gleich *stīgare* (Archiv III 170), *instīgare* neben
castīgare ein? Und sofort erkennt man in beiden Wörtern den
schönsten Gegensatz: *instīgare* ist das Aufhetzen, Antreiben,
castīgare aber das Beruhigen, Bändigen *(equus non parens frenis*
asperioribus castigandus est L i v i u s XXXIX 25), Unterdrücken
(crebris potiunculis risum castigamus P e t r o n 47), Niederhalten,
Beschränken *(castigatum pectus* O v i d am. I 5, 21, wohin auch
H o r a z a. p. 294 gehört als Weiterausführung von cohibere).
Auf das moralische Gebiet übertragen wird es Rügen, Strafen,
Züchtigen *(pueros non solum verbis sed etiam verberibus casti-*
gare Cic. tusc. qu. III 27). Wenn aber diese Stammanlehnung
richtig ist, dann ist kein Zweifel, dass hier *ca* Präposition
ist = κατά, dass beide Worte einander genau so entsprechen
wie ἐν-στίζω und κατα-στίζω.
CAPRONAE überliefern P a u l u s ex F e s t o s. u. und
N o n i u s 22, 3, beide mit derselben Etymologie, die daher
sehr wahrscheinlich von V a r r o sein wird. Jener: *c. equorum*
iubae in frontem deuexae, dictae q u a s i a c a p i t e p r o n a e;
dieser: *c. dicuntur comae, quae ante frontem sunt* q u a s i a
c a p i t e p r o n a e. Dass es wirklich Adjectiv ist, beweist
L u c i l i u s a. a. O.: *comas fluitare capronas.* V a n i č e k, p. 114,
macht, wie gewöhnlich, einen Bocksprung, stellt das Wort zu
caput, indem er mit einigen magischen Zeichen *(cap-ĕru-s,*
caper-ōn), die absolut nichts bedeuten, den Uneinsichtigen
blendet. Die Quellen erklären, wie wir sehen, *ca-prōnae* aus
prōnus. Nichts hindert auch hier die alte Präposition *ca-* zu
erkennen, im Gegentheil zeigt das gr. κατα-πρηνής, dor. κατα-

---

*) Über diesen Formwandel auf griechischem Sprachboden vgl. G i e s e
dial. aeol. 254, C u r t i u s Etym. ³ 515 und zuletzt Otto H o f f m a n n, Die griechischen Dialecte. Göttingen, Vandenhoeck, I, 310.
**) Vgl. *lūridum*, λ¿ρός, λπρτνός u. a.

πρανής, wie sehr möglich und wahrscheinlich diese Auffassung ist. Mittelstufe: καππρανής wie κάππεσε. (Vgl. frz. chevron.) CALVERE stelle ich ebenfalls unter diesen Gesichtspunkt. Das Alterthum weiß nichts Rechtes: *caluitur, frustratur, tractum a caluis mimicis* (Non. 6, 21 M) ist die reinste Volksetymologie. Priscian X 883 P (Char. I 43) führt auf die richtige Fährte, indem er als Perfect *calui* angibt, aber die Existenz eines PPP *calūtus* ablehnt. Er coniugiert das Wort also wie *soluo*. Ich vermuthe, wie dieses aus *se-luere*, so ist auch *caluo* Compositum von *luere* und *ca-lŭo* steht κατα-λύω (καλ-λύω vgl. καλλείπουμι bei Solon) völlig gleich. Die Bedeutung wird sich auch identificieren lassen; denn 1. κατα-λύειν ἵππους ὁ 28 ist losspannen, worauf dann das Einkehren, Halt machen, um auszuruhen (Thuc. I 136, Plat. Theaet. 142 c) zurückgeht. Casina II 2, 3 aber sagt Plautus: *sopor manus caluitur*, er lässt sie einhalten*); 2. die juristische Formel *si caluitur pedemue struit*, aus den XII tabb. bei Festus 313, 6 und Lucilius bekannt, scheint wörtlich zu bedeuten: „Wenn er sich losmacht (loszumachen sucht) oder Fersengeld gibt", womit die Deponensform gut vereinbar ist; 3. von hier aus scheint die Bedeutung hinhalten (Accius Eurysace bei Non. 6, 30 *sed memet* caluor, *uos istum ut iussi* ocius *abstrahite)* oder betrügen täuschen (Pacuuius Medo: *uocis calui similitudine*, Duloreste: *ni me caluitur suspicio)* auszugehen. Wer aber ein solches *calũere* treibt, ist ein **calũmenos* (καλλυόμενος), *calũmnus* und seine Thätigkeit mit Recht genannt die CALUM-NIA. Vaničeks Zusammenstellung; p. 120, kann ich nicht bekämpfen, da ich sie — offen gestanden — nicht begreife; gegen Nebel aber ficht kein Vernünftiger. Und so möchte denn schließlich und letzlich die Frage nicht überflüssig scheinen, ob CAVILLARI nicht ebenfalls hierherzuziehen ist. Nach thörichten Versuchen anderer hat zuletzt Louis Havet mém. de l. soc. de lingu. VI 21 eine schöne Parallele aufgestellt, indem er an gr. κόβαλος (deutsch „Kobalt" — „Kobold" !) anknüpft. Ich kann dem genialen Einfall nicht foigen, da die Formgebung entschieden zu weit abliegt und die Begriffe sich doch nicht völlig decken. Cicero de or. II 54, 218 unterscheidet ausdrücklich *duo genera facetiarum, alterum aequabiliter in omni sermone fusum, alterum peracutum et breue, illa a ueteribus cauillatio haec altera dicacitas nominata est.* Also die witzige ironische Rede ist *cauillatio.* Damit stimmt Ulpian digg. L 16, 177 *natura cauillationis, quam Graeci* σωρίτην... *appellauerunt haec est, ut ab euidenter ueris per breuissimas mutationes disputatio ad ea quae euidenter falsa sunt deducatur.* Horaz schildert einen solchen sorites epist. II 1, 45:

> *utor permisso cuudaeque pilos ut equinae*
> *paullatim* uello *et demo unum, demo etiam unum,*
> *dum cadat elusus ratione ruentis* acerui.

---

*) Oder ist an γαῖα λύονται zu denken???

Ich rege somit die Frage an, ob als Etymon nicht *uillus* (vgl. *titi-uillicium* Plaut. Casin. 238 mit B ü c h e l e r s Erklärung, Archiv II 119) anzunehmen sein dürfte, so dass wie in *uelli-care* die Grundbedeutung „herunter-zupfen", zupfen, zausen = necken wäre.

Ob c a-*perare* etwa wie *pros-prō-perare* (Dunkle Wörter, p. IX bis XII) als κατασέρειν („herunterziehen" also *frons caperata* Gegensatz zum *subductum supercilium?)* zu deuten ist, ob in *re-c i-perare, re-c u-perare* nicht ein Compositum von diesem *caperare* vorliegt, ob *re-c i-procus* neben *procella* nicht gleichfalls *ca* = κατά aufweist, das liegt mir fern, hier durchzuführen, denn der Raum ist zu Ende.

Ich schließe mit dem Wunsche, dass diese Ausführungen von den Fachgenossen ebenso freundlich empfangen werden mögen, wie ihre Vorgänger vor Jahresfrist; der vereinzelte Widerspruch von Dr. F u n c k (Berl. phil. Woch. 1891, S. 376) ist mir zwar kränkend; aber er belehrt und bekehrt mich nicht, weil er nicht begründet ist, da Herr F u n c k allen meinen Gründen nur seine persönliche Idiosynkrasie gegen meine Denk- und Schreibart entgegensetzt.

W i e n, Ostern 1891.

J. M. Stowasser.

Inhalt.

Adseutari, amussis (*emussis), autumari, Bonacus, bonnsus, burdo Cachinnus, caluere, calumnia, caperare, capronae, castula, castigo, cat-ca- (= κατά), catampo, catasta, cauillari, cerussa (= cerōsa), cimussa, consentaneus, crassus, discidium, dissentanens, Ecce, eccerē, eccum, emussitatus, ex (= ἐχές), excetra, excidinm, Ham, bum, ... itla ... ities .... itium, Lirgum, Macellotae, macellus, macella, macellum ..... mentum, Roscidus, russatus, Scutica, simussa .... tudo, ... tumus, Veredus.

Verbesserungen.

Auson. epigr. XXVI 1. Cicero in Pis. 11. Nonius 103, 24. Pompeius GLK V 205. Varro l. l. V 147, V 60.